1900 – damit verbinden sich gezielte Vorstellungen: Mit der Weltausstellung präsentiert sich Paris als Zentrum der Moderne; in London triumphiert das Empire; New York wird zur führenden Handels- und Verwaltungsstadt und zum Ziel für Einwanderer; das k. u. k. Reich erstarrt in Wien; Berlin versinkt in der Selbstherrlichkeit der wilhelminischen Zeit.
Die Belle Époque lebt zur Zeit der Jahrhundertwende noch mit ihren Vergnügungen, der imperialen Weltpolitik und ihren nationalen Überzeugungen. Doch der Zerfall der alten Ordnung beginnt bereits mit den Auswirkungen der Industrialisierung. Neue Produktionen, Eisenbahn, Dampfschiff und Automobil verändern Stadt und Lebensweise.
Norbert Fischer hat die kulturelle Landschaft der Jahrhundertwende zu einer kommentierenden Reportage zusammengestellt. Mit Bildern aus den frühen Großstädten Paris, Berlin, London, Wien und New York sowie Textauszügen von John Dos Passos, Siegfried Kracauer, Robert Musil, Émile Zola u. a.

WILSON

Hauptstädte um 1900

Herausgegeben und kommentiert
von Norbert Fischer

HARENBERG

Titeletikett: Straßenszene in London

Frontispiz: New-York-Times Building

Die bibliophilen Taschenbücher Nr. 515

Gesamtherstellung: Druckerei Hitzegrad, Dortmund
Printed in Germany

Inhalt

Auf dem Weg nach Metropolis

«Melting Pot», Schmelztiegel, nennt man die Stadt der Superlative: – New York. Zwar nicht die größte Stadt der Erde, repräsentiert sie dennoch wie keine andere den Typus der modernen Großstadt.

Wo liegen die Anfänge der Metropolen? Der existierenden wie auch derjenigen, die bereits wieder in der Bedeutungslosigkeit versunken sind? Wo liegen die Anfänge der Städte, die für die meisten Menschen der modernen Industriegesellschaft längst zur natürlichen Umwelt geworden sind?

Und wann kam der Umschlag vom beschaulichen Städtchen, das sich kaum von der dörflichen Umgebung unterschied, zur alles umgreifenden Stadt, zum ausufernden Monstrum, das vielen bereits als «Megalopolis», als einziger großer Organismus erscheint, der für sich selbst existiert und nicht für die Bewohner? Es gab sicher keinen genauen Zeitpunkt; die Entwicklung vollzog sich kaum spürbar, aber gewaltig. Dennoch reichten nur wenige Jahrzehnte, um die Stadt in die Form zu bringen, die wir heute kennen.

1886 fuhr das erste Automobil; heute gibt es Städte, in denen mehr Autos als Parkflächen existieren, wohlgemerkt – Parkflächen für Autos.

Zwiespältig wurde die Stadt von Beginn an aufgenommen. Sie war der Boden, auf dem sich das Neue entwickeln konnte, aber gerade damit zerschlug sie auch das bekannte Alte, das bis dahin Sicherheit und Traditionen für seine Bewohner gegeben hatte.

Städtische Freiheit bedeutete seit jeher größere Freiheit in der Lebensführung und vor allem Gedankenfreiheit. Sie war die Voraussetzung für die Emanzipation aus der Bevormundung durch Fürsten und Kirche. In der Stadt lernten die Menschen das selbständige Denken. Es waren Stadtbewohner, von Archimedes bis Einstein, die Naturgesetze formulierten. Es waren vor allem die Städter, die immer wieder um Freiheit gekämpft haben.

Die große Stadt war der Unruheherd der Neuzeit. Nur in ihr konnte die Idee entstehen, daß Menschen freie Individuen sind. In den Städten traten die fortschrittlichen Kräfte an, organisierten sich gegen die Konservativen. Eines ihrer Hilfsmittel war die Umwälzung der Stadt selbst, die ständige Bewegung der Menschenmassen und ihrer Ausdrucksmittel.

In den großen Städten wurde – und wird – die moderne Geschichte entschieden. So sieht der große Stadthistoriker Lewis Mumford die Großstadt als «kostbarste Erfindung der Zivilisation, die als Vermittlerin der Kultur nur hinter der Sprache zurücksteht».

So wurden in den Städten die Techniken entwickelt, aus denen in atemberaubender Geschwindigkeit die große, in alle Lebensbereiche dringende Industrie unseres Jahrhunderts hervorging. Erst sie schuf die Stadt als moderne Lebenswelt.

Die Anfänge der modernen Stadt zeigen sich bereits gegen Ende des 18. Jahrhunderts in den damaligen Weltstädten Paris und London. Deren irritierende Wirkung (zumal auf Bewohner deutscher Kleinstädte) haben Georg Christoph Lichtenberg und Heinrich Heine eindringlich als sinnlichen Reiz und als Schrecken zugleich, als Freiheit und Verlorenheit beschrieben.

Lichtenberg, der aus Göttingen in die Weltstadt London kam, sieht die Illumination der Warenwelt, den Glanz der Stadt, aber auch die veränderten Lebensgewohnheiten, die ihm unbekannt sind:

«Die untern Etagen bestehen aus Boutiquen und scheinen ganz von Glas zu sein; viele Tausende von Lichtern erleuchten da Silberläden, Kupferstichläden, Bücherläden, Uhren, Glas, Zinn, Gemälde, Frauenzimmerputz und Unputz, Gold, Edelsteine, Stahl-Arbeiten, Kaffeezimmer und Lottery-Offices ohne Ende ... Die Zuckerbäcker blenden mit ihren Kronleuchtern die Augen ... Dem ungewöhnten Auge scheint dieses alles ein Zauber; desto mehr Vorsicht ist nötig, alles gehörig zu betrachten; denn kaum stehen Sie still, Bums! läuft ein Packträger wider Sie an und ruft by your leave wenn Sie schon auf der Erde liegen.»

Heine sieht ebenfalls die veränderte Lebensart der Stadt. Auch er wird bei genauer Betrachtung von Einzelheiten nur noch herumgestoßen und erweist sich als nicht geschäftig genug.

«Ich habe das Merkwürdigste gesehen, was die Welt dem staunenden Geiste zeigen kann, ich habe es gesehen und staune noch immer – noch immer starrt in meinem Gedächtnis dieser steinerne Wald von Häusern und dazwischen der drängende Strom lebendiger Menschengesichter mit all ihren bunten Leidenschaften, mit all ihrer grauenhaften Hast der Liebe, des Hungers und des Hasses – ich spreche von London ... Dieser bare Ernst aller Dinge, diese kollossale Einförmigkeit, diese maschinenhafte Bewegung, diese Verdrießlichkeit der Freude selbst, dieses übertriebene London erdrückt die Phantasie und zerreißt das Herz.»

Hier also, um 1800, beginnt, worauf der Literaturwissenschaftler Heinz Brüggemann in seiner Arbeit über Literatur und Großstadt hingewiesen hat: «Die neue, ebenso abstoßende wie anziehende Erfahrungswirklichkeit der Großstadt.»

Der Prozeß der Industrialisierung im 19. Jahrhundert und die schnelle Entwicklung der bürgerlichen Gesellschaft forcierte die Umwälzung der Städte. Ein Städtebild nahm Konturen an, die erst zu Beginn des 20. Jahrhunderts ausgeprägt waren.

Am Ende des 19. Jahrhunderts wuchsen die Städte schier grenzenlos an. Im Stadtbild nahm die Bedeutung der Straßen mit der Industrialisierung zu. Man benötigte breite, möglichst gradlinige Verbindungen. Die verwinkelten Straßen, die bislang nur den Fußgängern gehörten, wurden begradigt und rechtwinklig angelegt. Bereits gegen Mitte des 19. Jahrhunderts hatte die Errichtung der großen Passagen die Fußgänger in die Häuserblocks gezogen und ihnen ein Refugium vor dem sich immer mehr entwickelnden Verkehr geboten.

In Berlin entstand für das Millionenheer der Zugewanderten der Bautyp der Mietskaserne. In New York vergrößerten sich die Wohnquartiere ebenfalls durch den Zuzug der Einwanderer. Sie blieben zum größten Teil in der Stadt. Die um die Mitte des 19. Jahrhunderts begonnene Stadtplanung – die öde Zahlenmechanik der Häuserblocks – fand ihren Abschluß im Aufbau schachbrettartiger Straßen, die nur noch nach Nummern gezählt wurden.

In Paris hatte man schon etwas früher die großen Avenuen durch den alten Stadtkörper gezogen, teils um die Unübersichtlichkeit der alten Viertel zu beseitigen, teils um große Aufmarschwege für das Militär zu schaffen, das somit besser gegen die aufsässige Stadtbevölkerung vorgehen konnte.

Die Vielfältigkeit der Stadt, ihre differenzierte Bebauung, das Nebeneinander von prunkvoller Selbstdarstellung, traditionellen Vierteln und Massenquartieren wich der Industrialisierung, die sämtliche Lebensbereiche erfaßte.

Das Gesicht der Stadt um die Jahrhundertwende wurde zunehmend monoton und anonym, ebenso wie Wirtschaft und Gesellschaft zu anonymen Größen wurden. In die Stelle des einzelnen Unternehmers, der seine Macht auch mit seinem Stadthaus und der Gestaltung seiner Fabrik darstellte, trat der Typus der Aktiengesellschaft, einer anonymen Macht mit ebenso anonymer Selbstdarstellung in ihren Bauten.

So sagt der Architekt Adolf Loos in seinem Schreiben «Ornament und Gesellschaft» (1904) der gegliederten, symbolisierenden Fassade den Kampf an. Mit nahezu heiligem Ernst kämpft er für die Entfernung des Ornaments vom industriellen Gebrauchsgegenstand Stadt: «Bald werden Straßen der Städte wie weiße Mauern glänzen, wie Zion, die heilige Stadt. Dann ist die Erfüllung da.» Über 80 Jahre später leben wir in solcher Erfüllung, und kaum einer vermag über die Häßlichkeit der Städte hinwegsehen. Trotz aller Kritik bleibt jedoch ihre Attraktion weiter bestehen. Es bleibt bei jenem Wechselspiel von abstoßender und anziehender Wirklichkeit.

Der Schnittpunkt dieser Entwicklung, die Umwandlung der repräsentativen Stadt zur modernen Industrieregion, mag irgendwo zwischen 1880 und 1920 gelegen haben. Zeugnis davon geben Fotografien, die in dieser Zeit ihre Jugend erlebten.

Doch die historischen Bilddokumente sind selber fremd, zeigen sie doch unbeweglich längst vergangene Moden in längst vergangener Architektur. Dennoch scheint in diesen vergangenen Bilderwelten die Möglichkeit auf, den Keim der Moderne zu sehen, vielleicht sogar dasjenige, was durch den schnellen Wandel der Stadt untergegangen ist.

Ebenso wie man in den heutigen Städten lesen kann, wenn man ihre Sprache erlernt hat, so sind auch diese Fotografien lesbar, wenn man die fortlebende Literatur der Zeit zu Hilfe nimmt, denn in ihr lebt die Empfindung und der Erfahrungswechsel weiter. Gemeinsam mit den literarischen Zeugnissen öffnen die Bilder den Blick für die ungeheuren Veränderungen, die sich schneller vollziehen als ein Menschenleben, wie Charles Baudelaire bemerkte.

*

«Da ist wieder das große Vorrecht des Spaziergängers. Er braucht nicht einzutreten, er braucht sich nicht einzulassen. Er liest die Straße wie ein Buch, er blättert in Schicksalen, wenn er an Häuserwänden entlang schaut. Und wenn er wieder wegblickt von den Gegenständen, den Dingen, sagen ihm auch die Gesichter der fremden vorübergehenden Menschen einmal mehr.»

Das schreibt einer, der das Flanieren, das Lesen in den Straßen zu seiner Leidenschaft gemacht hat, ja, eine Anleitung zum Spazierengehen in der Stadt verfaßte. Das Spazierengehen, «diese recht altertümliche Form der Fortbewegung auf zwei Beinen», soll, wenn es richtig gemacht wird, auch ein Sichgehenlassen sein.

Der Berliner Literat Franz Hessel erzählt von der Flanerie, «von der schwierigen Kunst, spazieren zu gehen». Schwierig ist dieses Vergnügen kurz nach 1900, weil die Städte sich gewandelt haben.

Kann man die Stadt lesen? Oder trifft mittlerweile zu, was Bertolt Brecht über die glatte Fassade der AEG-Werke sagte – daß sie nichts mehr über dieses Unternehmen preisgibt.

Das Flanieren als Lesen in den Straßen und die zugehörige Literatur entstand im Paris des 19. Jahrhunderts, und Hessel, der in den zwanziger Jahren der modernen Zeit solchen traumverlorenen Müßiggang in Berlin wieder empfiehlt, weiß um die Probleme: «Ich bekomme immer wieder mißtrauische Blicke ab, wenn ich versuche, zwischen den Geschäftigen zu flanieren. Ich glaube, man hält mich für einen Taschendieb.»

Die Stadt hat sich gewandelt, sie läuft wie auf Hochtouren. Nicht nur ihre Architektur ist zweckgerichtet, auch das Auftreten der Bewohner in den öffentlichen Räumen dient nur noch dem Zweck, schnell von einem Ort zum anderen zu gelangen. Unter den modernen Nomaden wird der Müßiggänger verdächtig. Und Hessel stellt bedauernd fest: «Hierzulande muß man müssen, sonst darf man nicht. Hier geht man nicht wo, sondern wohin. Es ist nicht leicht für unsereinen.»

Die Erfahrung, im Getriebe der Stadt die Individualität zu verlieren, löste schon früh bei den Schriftstellern, die sich dem neuen Gegenstand beschreibend nähern wollten, eine Krise der ästhetischen Erfahrung aus. Die Stadt entzieht sich ihrem literarisch organisierenden Zugriff, sie wirkt nur noch als Bedrohung oder wird selbst zum heimlichen Autor der Werke, indem sie sich an die Stelle der Erfahrungen des Literaten setzt.

Unter dem Gesichtspunkt der Zweckmäßigkeit verkommt die städtische Umwelt zu einer Kette von Signalen, denen man folgen muß, will man sich als Passant angemessen verhalten. Die Stadt selbst, mit ihren Besonderheiten, fliegt gleichsam verpackt an den Bewohnern vorüber. Kann man trotzdem die Stadt lesen?

Hessel versucht, mit der alten Technik des Flanierens, der betriebsamen Hektik zu entfliehen, um sich dem Fremden zu überlassen, um selbstvergessen und traumhaft neue oder längst verlorene Erfahrungen zu machen: «Ich möchte den ersten Blick auf die Stadt, in der ich lebe, gewinnen oder wiederfinden.»

Dennoch ist Hessel der letzte Flaneur, wie Walter Benjamin, der Theoretiker dieser Erfahrung, ihn nannte. Der Funktionalismus der modernen Industriestadt entzieht ihm den Boden. Die Zweckmäßigkeit vernichtet die Orientierungspunkte aus der Vergangenheit wie ein überflüssiges Ornament an den Fassaden altertümlicher Häuser.

Die Anfänge moderner literarischer Stadterfahrung liegen, folgt man den Ausführungen des Literaturwissenschaftlers Heinz Brüggemann, bereits am Ende des 18. Jahrhunderts. Der selbstbewußte Poet, der mit dem Schreiben sich einen Gegenstand aneignet und ihn für andere erfahrbar machen will, gerät selbst unter den Einfluß seiner Motive. Die Stadt mit ihren Ausdrucksmitteln, dem Tempo und Lärm, der Zerrissenheit und Zerstreuung wird zum Stilmittel des Erzählens. Sie nötigt dem erfahrungshungrigen Literaten die ihr eigenen Bewegungsgesetze auf, und er spürt den Verlust von Subjektivität.

Dies genau ist das durchgängige Motiv, das Brüggemann in allen literarischen Stadterfahrungen feststellt: Eine Krise; der Verlust «der Eigenmächtigkeit der Menschen, vor allem als Krise der ästhetischen Erfahrung, da die traditionellen literarischen Mittel nicht ausreichen, um dem Gegenstand Stadt gegenüberzutreten».

Der Erzähler dankt anscheinend ab, setzt nur noch einzelne Versatzstücke einer zerfaserten Umwelt hintereinander, die ihre Bedeutung selber ausdrücken, ohne den organisierenden Zugriff des Schriftstellers. «An die Stelle des seiner besonderen literarischen Wahrnehmungsweise, seiner individuellen sprachlichen und stilistischen Kompetenz gewissen Subjekts (tritt) zunehmend die Ding- und Merkwelt des Alltagslebens selber als Ausdrucksträger und organisierende Instanz.»

Ihren Abschluß findet diese krisenhafte Entwicklung, die allerdings immer wieder neue Formen hervorbrachte, zu Beginn des 20. Jahrhunderts in den großen Stadtromanen von Alfred Döblin, John Dos Passos und anderen, aber auch in den surrealistischen Bildern von Louis Aragon und André Breton.

In den großen Montageromanen, die uns heute ein genaues Bild der Städte nach der Jahrhundertwende geben, montiert der Autor einzelne Teile der Stadterfahrung hintereinander wie die Bilder eines Films. Gemeinsam mit der Umwälzung der Stadt erlebte dieses Medium seinen Aufstieg, indem es mit den zerrissenen Einzelstücken eine geschlossene Bedeutung konstruierte.

Welche ungeheure Veränderung vollzog sich in der Wahrnehmung der Menschen, wird er dadurch doch gezwungen, mit seinem Bewußtsein aufeinanderfolgende Teilbilder zu einem sinnvollen Ganzen zusammenzusetzen.

Königliches Schloß und Nationaldenkmal

Berlin – die späte Weltstadt

«Berlins Schicksal ist es,
immer zu werden und nie zu sein.»

Das Jahr 1237 gilt als Gründungsjahr der Stadt Berlin, bedingt durch die brandenburgischen Markgrafen. Begünstigt durch ihre Lage an den Haupthandelswegen wurde die Doppelstadt Berlin-Cölln zum politischen Zentrum der Mark. Der wirtschaftliche Aufschwung begann nach dem Dreißigjährigen Krieg in der zweiten Hälfte des 17. Jahrhunderts und verstärkte sich während des 18. Jahrhunderts, nachdem die beiden Städte sich 1709 vereinigt hatten und fortan als Hauptstadt von Brandenburg-Preußen galten.

Um 1700 zählte Berlin etwa 50 000 Einwohner. Mit der Universitätsgründung (1809/10) kam die Stadt zu kultureller Blüte, erreichte jedoch nie den Standard, den das Pariser Geistesleben repräsentierte. Auch in wirtschaftlicher Hinsicht war Berlin lediglich der Knotenpunkt der norddeutschen Eisenbahnlinien. Nach Erhebung zur Hauptstadt des Deutschen Kaiserreichs im Anschluß an den siegreichen Deutsch-Französischen Krieg 1870/71 bestimmte die schnell wachsende Industrie das Stadtbild. Berlin erreichte Weltstadtniveau.

Berlin um 1900 darf also als Newcomer unter den Welt-Metropolen bezeichnet werden. Waren Paris und London bereits im Mittelalter Zentren von internationaler Bedeutung, so erlangte Berlin erst mit der Reichsgründung weltstädtischen Rang. Davor war es nicht mehr als eine «große Stadt».

Berlin um die Jahrhundertwende – das bedeutet Kaiser Wilhelm II. mit seinem unverwechselbaren Schnurrbart, Wachparade und Pickelhaube, dekoriertes Militär, Jugendstil und freies Theater, Industrie und Mietskasernen. Die Epoche unter Wilhelm II. ist von wirtschaftlicher und politischer Stabilität gekennzeichnet. Trotz massiver Unterdrückung der Sozialdemokraten gibt es die auf Fürst Otto von Bismarck zurückgehende Sozialgesetzgebung und eine gesetzliche Krankenversicherung. Vor allem aber gibt es eine prosperierende Industrie. Es herrscht im Deutschen Reich der unbedingte Glaube an die bessere Zukunft. Die materielle Grundlegung dieses Glaubens hatte die Gründerzeit – trotz einiger massiver Krisen und Rückschläge – erbracht.

Ihren neuen Rang als Weltstadt präsentierte Berlin mit der Gewerbeausstellung von 1896. Die Ausstellung machte den technischen Erfolg der metallverarbeitenden Industrie, der Dampfmaschinen und der Elektrizitätsforschung deutlich. Zu den führenden Unternehmen gehören Borsig, Siemens & Halske, die Allgemeine Elektricitäts-Gesellschaft (AEG), Schering, Agfa und die gesamte fotografische und drucktechnische Industrie. Weltniveau erreichte die Stadt auch mit ihrer Luxushotellerie und mit dem weit ausgebauten Netz der S- und U-Bahnen.

Im Verkehrswesen begann die allmähliche Anpassung an die Erfordernisse des Automobils, das schnell zum bestimmenden Faktor der Stadt wurde. Die intensiven Bauarbeiten während dieser Jahre führten immer wieder zu Klagen der Anwohner bei den Behörden.

Um 1900 hatte Berlin einschließlich der 23 Vororte fast 2,5 Millionen Einwohner. Vor allem am Stadtrand entstanden viele neue Siedlungen, um die riesige Masse der Zuwanderer aufnehmen zu können. Die Mehrheit der Berliner lebte in den Mietskasernen, die in der Nähe der Industrieunternehmen errichtet wurden. An breiten Straßen wurden in der Regel fünfstöckige Wohnblocks gebaut, die sich über Seitenflügel und Innenhöfe mit bis zu sechs Hinterhäusern in die Tiefe erstreckten.

Der Wille von politischer Macht und Verwaltung, Berlin möglichst detailliert in jedem Bereich zu beherrschen, führte zur übersichtlichen Aufgliederung der Stadt in verschiedene Funktionsbereiche. Reine Wohnviertel entstanden neben Geschäftsregionen und Industriebereichen. Bedingt durch die trotz allem noch sehr mangelhafte Gesetzgebung im Arbeitsbereich und den hierdurch oft erzwungenen Arbeitsplatzwechsel der Industriearbeiterschaft, waren im Berlin der Jahrhundertwende nur die Bessergestellten seßhaft.

Diese führende Gesellschaftsschicht des liberalen Bürgertums zog sich zumeist in die entpolitisierte Sphäre ihres Privatlebens zurück. Ein extremer Individualismus war bezeichnend für das Interieur, den Nippes-Stil, der bürgerlichen Privaträumlichkeiten wie auch der offiziell anerkannten Kunstszene.

Trotz des bombastisch inszenierten Kaisertums bestand der Staat jedoch nicht nur aus Untertanen; das großstädtische Leben ließ auch Kritiker groß werden. So erschien 1900 die Zeitschrift «Die Zukunft», die der Publizist Maximilian Harden herausgab. Die Auflagenhöhe von zeitweilig 10 000 Exemplaren zeigt, wie groß damals das Interesse an kritischem Schrifttum war. Hauptthema der Zeitschrift war die Kritik der Hohenzollernherrschaft und die Auseinandersetzung mit der Geschmacklosigkeit der vorherrschenden Auffassung von Kunst und Architektur.

Besonders deutlich wird der Zustand der Reichshauptstadt bei der Eröffnung der Siegesallee, von den Berlinern wegen ihrer monströs-häßlichen Denkmäler auch «Puppenallee» genannt. Die 1901 errichtete Allee offenbarte die Widersprüchlichkeit der kaiserlichen Gesellschaft, in der Wilhelm II. versuchte, mit bombastischen Bauwerken seine Weltauffassung von Gottesgnadentum und dynastischer Weltherrschaft gegen die neue Zeit mit ihrem wissenschaftlich-technischen Fortschritt wenigstens ideologisch zu verteidigen. Anläßlich der Eröffnungsrede sagte Kaiser Wilhelm II.: «Eine Kunst, die sich über die von mir bezeichneten Gesetze und Schranken hinwegsetzt, ist keine Kunst mehr, sie ist Fabrikarbeit.»

Berlin um 1900 ist geprägt von einem individualistischen Rückzug ins Private einerseits und den Anforderungen einer modernen Massengesellschaft andererseits. Die Stadt erscheint gegenüber den anderen Weltstädten als Parvenu. In diesem Sinne schrieb der französische Journalist Jules Huret 1906 in einem Reisebericht für den Pariser «Figaro»: «Und schließlich bin ich zu der Erkenntnis gekommen, daß dieses Charakteristikum, nach dem ich so lange suchte, gerade darin besteht, daß es (Berlin) überhaupt keines besitzt.»

Königliches Museum im Lustgarten

Die Stadt

Ich sah den Mond und des Ägäischen
Grausamen Meeres tausendfachen Pomp.
All meine Pfade rangen mit der Nacht.

Doch sieben Fackeln waren mein Geleit
Durch Wolken glühend, jedem Sieg bereit.

«Darf ich dem Nichts erliegen, darf mich quälen
Der Städte weiten Städte böser Wind?
Da ich zerbrach den öden Tag des Lebens!»

Verschollene Fahrten! Eure Siege sind
Zu lange schon verflackt. Ah! helle Flöten
Und Geigen tönen meinen Gram vergebens.

Jakob van Hoddis

Dom und Museum im Lustgarten

Berlin! Du weißer Großstadt Spinnenungeheuer!
Orchester der Äonen! Feld der eisernen Schlacht!
Dein schillernder Schlangenleib ward rasselnd aufgescheuert,
Von der Geschwüre Schutt und Moder überdacht!

Berlin! Du bäumst empor dich mit der Kuppeln Faust,
Um die der Wetter Schwärme schmutzige Klumpen ballen!
Europas mattes Herze träuft in deinen Krallen!
Berlin! In dessen Brust die Brut der Fieber haust!

Berlin! Wie Donner rattert furchtbar dein Geröchel!
Die heiße Luft sich auf die schwachen Lungen drückt.
Der Menschen Schlamm umwoget deine wurmichten Knöchel.
Mit blauer Narben Kranze ist dein Haupt geschmückt!

Johannes R. Becher

Nationalgalerie und Friedrichsbrücke

Potsdamer Platz und Königgrätzer Straße

Besuche deine eigne Stadt, spaziere in deinem Stadtviertel, ergehe dich in dem steinernen Garten, durch den Beruf, Pflicht und Gewohnheit dich führen. Erlebe im Vorübergehn die merkwürdige Geschichte von ein paar Dutzend Straßen. Beobachte ganz nebenbei, wie sie einander das Leben zutragen und wegsaugen, wie sie abwechselnd stiller und lebhafter, vornehmer und ärmlicher, kompakter und bröckliger werden, wie und wo alte Gärten sich inselhaft erhalten mit seltenen Bäumen, Zypressen und Buchsbaum und regenverwaschenen Statuen, oder verkommen und von nachbarlichen Brandmauern bedrängt absterben. Erlebe, wie und wann die Straßen fieberhaft oder schläfrig werden, wo das Leben zum stoßweis drängenden Verkehr, wo es zum behaglich drängelnden Betrieb wird. Lern Schwellen kennen, die immer stiller werden, weil immer seltener fremde Füße sie beschreiten und sie die bekannten, die täglich kommen, im Halbschlaf einer alten Hausmeisterin wiedererkennen.

Franz Hessel

Leipziger Straße, Ecke Friedrichstraße

Langsam durch belebte Straßen zu gehen, ist ein besonderes Vergnügen. Man wird überspült von der Eile der andern, es ist ein Bad in der Brandung. Aber meine lieben Berliner Mitbürger machen einem das nicht leicht, wenn man ihnen auch noch so geschickt ausbiegt. Ich bekomme immer mißtrauische Blicke ab, wenn ich versuche, zwischen den Geschäftigen zu flanieren. Ich glaube, man hält mich für einen Taschendieb.

Franz Hessel

Friedrichstraße mit Blick auf das Panopticum

Brandenburger Tor von Osten

Cafés, Schaufensterauslagen, Frauen, Automatenbuffets, Schlagzeilen, Lichtreklamen, Schupos, Omnibusse, Varietéfotos, Bettler – alle diese Eindrücke zu ebener Erde beschlagnahmen den Passanten viel zu sehr, als daß er die Erscheinung am Horizont richtig zu fassen vermöchte. Schon die ersten Stockwerke in dieser Straße verflüchtigen sich: Die Karyatiden an den Fassaden sind ohne Gegenüber, die Erker könnten aus Pappe sein, und die Dächer entschwinden im Nichts.

Siegfried Kracauer

Spittelmarkt

Nah wie Löcher eines Siebes stehn
Fenster beieinander, drängend fassen
Häuser sich so dicht an, daß die Straßen
Grau geschwollen wie Gewürgte sehn.

Ineinander dicht hineingehakt
Sitzen in den Trams die zwei Fassaden
Leute, wo die Blicke eng ausladen
Und Begierde ineinander ragt.

Unsre Wände sind so dünn wie Haut,
Daß ein jeder teilnimmt, wenn ich weine,
Flüstern dringt hinüber wie Gegröhle.

Alfred Wolfenstein

Alexanderplatz

Das Spazierengehn, diese recht altertümliche Form der Fortbewegung auf zwei Beinen, sollte gerade in unserer Zeit, in der es soviel andre weit zweckmäßigere Transportmittel gibt, zu einem besonders reinen zweckentbundenen Genuß werden. Zu deinen Zielen bringen dich vielerlei Vehikel, Fahrräder, Trambahnen, private und öffentliche, winzige und mächtige Benzinvulkane. Um etwas für deine Gesundheit zu tun, pflegst du, moderner Mensch in der Stadt, wo du weder Skilaufen noch segeln und nur mit einem ziemlich komplizierten Apparate rudern kannst, das sogenannte Footing. Das hat beileibe nichts mit Spazierengehn zu tun, das ist eine Art beschwingten Exerzierens, bei dem man so beschäftigt ist, die Bewegungen richtig auszuführen und mit dem richtigen Atmen zu verbinden, daß man nicht dazu kommt, sich zu ergehen und dabei gemächlich nach rechts und links zu schauen. Das Spazierengehn aber ist weder nützlich noch hygienisch. Wenn's richtig gemacht wird, wird's nur um seiner selbst willen gemacht, es ist ein Übermut wie – nach Goethe – das Dichten. Es ist mehr als jedes andre Gehen zugleich ein Sichgehenlassen. Man fällt dabei von einem Fuß auf den andern und balanciert diesen angenehmen Vorgang. Kindertaumel ist in unserm Gehen und das selige Schweben, das wir Gleichgewicht nennen.

Franz Hessel

Spaziergänger In den Zelten

Passanten am Pariser Platz

Ist es die Leere, die sie für Sekunden so unheimlich macht? Ich wiederhole, daß ich es nicht weiß. Ich kann nur sagen, daß die Tauentzienstraße bös in der Sonne glitzert wie ein unmenschlicher Feind, und daß sich in allen den Straßen, die ich meine, ab und zu eine Erregung ansammelt, die, zur Sichtbarkeit gezwungen, dem wütenden Zickzackheer der Schnittmusterlinien gleichen müßte. Und ich weiß auch, daß in der Nachbarschaft des Kurfürstendammes, dort wo Kinder hinter dem offenen Parterrefenster arbeiten oder ein Tierarzt den Hund, den er gerade behandelt, im Vorgarten spazieren führt, von Zeit zu Zeit merkwürdige Schreie zu hören sind. In drei verschiedenen Sommernächten habe ich die Schreie gehört. Sie zeichnen sich dadurch aus, daß man nie ihren Grund erfährt. Das erste Mal, als der Schrei ertönte, ging ich ihm nach und stieß auf einen Betrunkenen, der stumm davonschwankte, sobald ich in seiner Nähe war. Das zweite Mal schwebte der Schrei – es mußte der gellende Schrei eines Mädchens sein – oberhalb eines jungen Paares, das sich gestritten haben mochte und nun Arm in Arm zwischen Mond und Asphalt lustwandelte. Das dritte Mal bedeutete der Schrei zweifellos Mord.

Heute vermute ich, daß nicht die Menschen in diesen Straßen schreien, sondern die Straßen selber. Wenn sie es nicht mehr ertragen können, schreien sie ihre Leere heraus.

Aber ich weiß es wirklich nicht genau.

Siegfried Kracauer

Friedrichstraße, Ecke Leipziger Straße

Er beginnt und endet zwar bei Fabrikschloten und hat die geschäftigsten Teile der Ober- und Unterspree zu verbinden, aber unterwegs wandert er durch soviel Stadtidyll, daß sein Name in unserm Ohr einen sanften Klang hat, als wäre er der alte Schafgraben, der einst an den südlichen Stadttoren entlangfloß, oder der «grüne Strand», wie man ihn bis in die achtziger Jahre nannte, ehe seine Ufer mit Quadern bekleidet wurden, wodurch er zu seinen vier Schiffsbreiten kam.

Langsam gleiten durch sein Wasser die schwerbeladenen Kähne. Am Bordrand stakt einer mit langer Stange das Fahrzeug vom Fleck, ein Hündchen hockt, ein Feuerchen raucht. Das dampft aus der kleinen Küche wie im Zigeunerwagen. Andere Kähne lagern an einigen Uferstellen und bieten Äpfel feil, rot wie die Backen der Schifferkinder.

Franz Hessel

Hafenleben

Nun, bis es dazu kommt, wollen wir zufrieden sein mit dem, was wir haben, und sei es auch nur das Kleinwerk an alten Häusern, Medaillons mit Mädchenköpfen in reichem Haar oder Jünglingsgesichtern unter phrygischer Mütze, kleinen Opfer- oder Triumphzügen in Flachrelief über einer Beletage und Putten, die zwischen Blattwerk und Arabesken über Türen oder unter Fenstern hocken. Diese Putten waren immer besonders vertrauenerweckend, da sie an den eigenen Knabenkörper erinnerten. Ungewöhnlich verlokkend aber wurden sie vor dem Zeughaus, wo sie überlebensgroß zu Füßen der Riesinnen stehen und, während die da oben nah bei ihren gewaltigen Brüsten Belehrendes vornehmen, sich selig an die Fülle der Gewandfalten schmiegen dürfen.

Franz Hessel

Zeughaus Unter den Linden

Hardenbergstraße mit Kaiser-Wilhelm-Gedächtniskirche

Die Uhren schlagen sieben. Nun gehen überall in der Stadt die Geschäfte aus.
Aus schon umdunkelten Hausfluren, durch enge Winkelhöfe aus protzigen Hallen drängen sich die Verkäuferinnen heraus.
Noch ein wenig blind und wie betäubt vom langen Eingeschlossensein
Treten sie, leise erregt, in die wollüstige Helle und die sanfte Offenheit des Sommerabends ein.
Griesgrämige Straßenzüge leuchten auf und schlagen mit einem Male helleren Takt,
Alle Trottoirs sind eng mit bunten Blusen und Mädchengelächter vollgepackt.

Ernst Stadler

Moritzplatz

Ball der Stadt Wien, Gemälde von Wilhelm Gause

Wien – Fin de Siècle

«Über die breite Ringstraße zogen die Bewohner dieser Stadt, fröhliche Untertanen der Apostolischen Majestät, alles Leute aus seinem Hofgesinde.»

Joseph Roth

Eine keltische Siedlung und ein römisches Lager namens Vindobona (um 100 n. Chr.) waren der Ursprung der Stadt Wien, die in ihrer frühen Zeit bis etwa 900 zahlreiche Eroberungen und Zerstörungen über sich ergehen lassen mußte. Trotzdem entwickelte sich hier um 1000 wegen der günstigen Lage an der Donau ein wichtiger Handelsplatz.

Im 12. Jahrhundert wurde Wien zur Residenzstadt ausgebaut und erhielt 1221 das Stadtrecht. Unter den frühen Habsburger Herrschern wurde die Stadt Universitäts- und Erzbischofssitz. Obwohl der Osthandel im 15. und 16. Jahrhundert schrumpfte, verlor Wien nicht an Bedeutung; vielmehr konnte sie ihren Status als Residenz des Heiligen Römischen Reichs Deutscher Nation behaupten.

Nach erfolgreichem Widerstand gegen zwei Belagerungen der Türken (1529/1683) begann der glanzvolle Aufstieg der Kaiserstadt zum europäischen Kulturzentrum. 1700 wurden bereits 100 000 Einwohner gezählt. 1814/15 war Wien Hauptstadt des österreichischen Kaiserreichs und galt als Metropole der Neuordnung Europas nach der Niederlage von Napoleon I.

Wie in allen anderen großen Städten brachte die beginnende Industrialisierung schwere soziale Spannungen mit sich, in deren Verlauf die großen Massenparteien entstanden.

1895 war das entscheidende Jahr des neuen Wien; die Christlich-Soziale Partei stellte erstmals die Mehrheit im Gemeinderat. In Wien begann der neue Ausbau der Stadt und ihrer Verkehrswege – in einer Zeit, in der die europäische Geltung bereits abzunehmen drohte.

Wien um 1900, das ist die Stadt als Zentrum der nach außen hin intakten Donaumonarchie, einer Gesellschaft im Dämmerzustand, die noch nicht verstanden hatte, daß Fin de Siècle ein untergehendes Jahrhundert meinte. Die Stadt stand vollständig im Zeichen der k. u. k. Monarchie von Kaiser Franz Joseph I. und dem strengen Zeremoniell der Hofburg. Andererseits war sie die Metropole neuzeitlicher Wissenschaft und Kunst.

Die Hofhaltung des Kaisers war das deutlichste Kennzeichen für den Niedergang der alten Mächte. Sein Beharren auf Petroleumlampen und anderen Einrichtungen aus dem 18. Jahrhundert symbolisierte die Entschlossenheit, am traditionellen Leben festzuhalten. Der Adel und die Beamten (als größte Bevölkerungsschicht) befürworteten die Abneigung des Kaisers gegen moderne Leistungen und den wirtschaftlichen Liberalismus. Um diese Aristokratie herum begann jedoch der Aufbruch in ein neues, modernes Jahrhundert, mit dem die fortschrittlichen Kräfte, vor allem die Künstler, der Restauration des 19. Jahrhunderts zu entkommen suchten.

Nach dem Wahlsieg und dem damit erfolgten politischen Umbruch von 1895 begann eine Welle der Industrialisierung. Schon die Elektrizitäts-Ausstellung von 1883 hatte den Weg gewiesen.

Wien um 1900, das ist auch Stadterneuerung. Nach dem Übergang zur Goldwährung im Jahr 1892 verbreitete sich ein Gefühl der Sicherheit und wirtschaftlichen Beständigkeit. Die Ausbreitung des Verkehrsnetzes, der Ausbau der städtischen Gas- und Elektrizitätswerke und die Konzentration der Produktionsbetriebe waren die Folge. Die Region Wien wurde, nach Böhmen, zum zweitgrößten Industriegebiet der Monarchie. Die rasche Industrialisierung brachte, wie in allen großen Städten, katastrophale Folgen für die Arbeiter. Soziale Spannungen und revolutionäre Ideen mündeten in der Organisation der Massenparteien.

Wien um 1900, das ist insbesondere auch die Stadt als Zentrum neuerer Kultur, die Stadt der Malerei, des Jugendstils und der Musik. Neueste Mode war die Sezession, die über die Vereinigung der «Wiener Werkstätte» den Jugendstil auf die Gebrauchskunst übertrug. Gustav Klimt war der entscheidende Name dieser Stilrichtung, hinzu kamen Koloman Moser, Arthur Hoffmann sowie die Architekten Adolf Loos und Otto Wagner. Die rege und moderne

Kunstszene, in der Musiker, Maler und Architekten zusammenfanden, schuf die herausragenden Werke des Jugendstils, Gebäude, Kunstwerke und Gebrauchsgegenstände des täglichen Bedarfs.

Inmitten einer äußerst traditionellen Musikszene entwickelte sich die neue Musik. Gustav Mahler wurde Opernkapellmeister, Arnold Schönberg versammelte Schüler um sich, zu denen Alban Berg und Anton von Webern gehörten.

Die tragende Gesellschaftsschicht blieb jedoch das traditionelle Großbürgertum mit seinen kulturellen Darstellungen, das sich vor den Bedrohungen der modernen Zeit in Hedonismus und Kunst flüchtete. Die populäre Kultur in Wien um 1900, vor allem die Operette, war geprägt durch eine doppelte Moral. Sie bestand einerseits aus einer offiziellen Haltung, die Kunstwerke von Klimt und Egon Schiele als pornographisch ansah und nicht in der Lage war, die Leistungen Sigmund Freunds auch institutionell anzuerkennen. Andererseits gab es die offiziöse Moral der Vergnügungsstätten und des Offizierslebens, die alle Formen von Ausschweifungen und erotischer Frivolität feierte.

Zentrum des kulturellen Wiens waren die Kaffeehäuser: Die angesehenen der künstlerischen Boheme in der inneren Stadt, die protzigen der Geschäftswelt an der Ringstraße und die Stammtische in den einzelnen Bezirken, die von verschiedenen ethnischen Gruppen aus dem Riesenreich bewohnt wurden. In den Kaffeehäusern traf sich die junge Literatur – Hugo von Hofmannsthal, Hermann Bahr, Karl Kraus und andere.

Hier entstanden die Werke der meist hoch angesehenen Literaten, die sich, von der Öffentlichkeit der Orte geprägt, mit dem Journalismus vermischten.

Wien um 1900 war ein Völkergemisch, das den Zustand des Vielvölkerstaats spiegelte. Es war besonders Fin de Siècle, das Ende einer Epoche, die noch zwischen Kulturrevolution und Tradition, zwischen Frivolität und Weltschmerz schwankte. Als die Welt im Begriff war, sich grundsätzlich zu wandeln, regierte der alte Kaiser ein Reich von einer Stadt aus, in der sich die k. u. k. Monarchie allmählich überlebte.

Café Griensteidl, Michaeliplatz

Man hat mich mitgenommen in das berühmte alte Caféhaus. Es soll bei der jüngeren Literatur und Kunst nicht mehr en vogue, soll abgelöst sein von dem helleren säuberlicher aussehenden ein paar Häuser weiter in dieser selben Herrengasse und von andern. Aber meine Freunde haben hier noch einen Spätnachmittagstisch, von dem sie in die bräunliche Dämmerung ringsum wie in eigne Vergangenheit schauen können. Und von dieser Warte lassen sie nun auch den Kömmling ins Alte schauen, in die Zeit, da es hier gefährlich war. In der Luft liegt noch etwas von dem trägen Zauber, der einst die Lebenskraft der Insassen betäubte. Man ist immer noch wie in einem Bassin. Oben über den Rauchwolken könnten Luftblasen sein. Und einige Gestalten glaube ich zu sehn, die aus dem tragischen Zeitalter des Cafés stammen. Da der Alte, der schon zum dritten Mal durch den Saal geht, von dem Ecktisch neben den Kartenspielern bis beinah zur Toilette. Er will gar nicht ganz dahin. Er ergeht sich nur. Er ist hier ambulant zu Hause.

Franz Hessel

Arkadenhof des Café Central in der Herrengasse

ORT - PALAST
Wien

«Venedig in Wien», Vergnügungsviertel im Prater

Es ist Sonntagnachmittag. Die beiden, Bruder und Schwester, holen mich ab, wir wollen in den Prater. Sie haben einen der zehn noch vorhandenen wirklichen Wiener Fiaker genommen, die sehenswürdig vor dem großen Hotel am Kärtnerring warten. Zwei Schimmel sind vor unsern Wagen gespannt, einfache Pferdchen, gewiß, aber weil sie so selten sind und sich so anmutig und gelassen bewegen, empfind ich sie von ferne stadt- und wahlverwandt den stolzen Lippizanern, deren hohe Kunst ich in der Spanischen Reitschule bewundert habe.

Franz Hessel

Internationale Ausstellung für Musik- und Theaterwesen im Prater

So oft man in der Fremde an dieses Land dachte, schwebte vor den Augen die Erinnerung an die weißen, breiten, wohlhabenden Straßen aus der Zeit der Fußmärsche und Extraposten, die es nach allen Richtungen wie Flüsse der Ordnung wie Bänder aus hellem Soldatenzwillich durchzogen und die Länder mit dem papierweißen Arm der Verwaltung umschlangen.

Robert Musil

Das alte Wien, Singerstraße, Gemälde von Carl Moll

Mit dem bloßen Ansehn von Monumenten in fremden Städten ist es nicht getan. Man muß durch Gewohnheiten eine Art kleines Bürgerrecht erwerben. Über den einen Burghof ging ich anfangs befangen an den berühmten «Trakten» entlang, bis ich entdeckte, daß es da hinter einem Tor in ein Postamt geht. In dem konnte ich mir mit Briefschaften etwas zu tun machen. Seither ist sowohl der leopoldinische als der Reichskanzleitrakt erheblich freundlicher zu mir, und auch der Standbildkaiser mitten auf dem Platz will mir wohl, wenn ich vorüberkomme. Gern nehm ich meinen Weg durch ein und das andre Durchhaus, wenn ich mich dabei auch verirre. In Durchhäusern fühlt man sich fast noch mehr ins Innere der Stadt gelangt als auf Höfen oder Treppen.

Franz Hessel

Ringelspiel im Prater

Josefstadt, Wohnviertel und Metallgießerei in der Skodagasse

Hunderte Töne waren zu einem drahtigen Geräusch ineinander verwunden, aus dem einzelne Spitzen vorstanden, längs dessen schneidige Kanten liefen und sich wieder einebneten, von dem klare Töne absplitterten und verflogen. An diesem Geräusch, ohne daß sich seine Besonderheit beschreiben ließe, würde ein Mensch nach jahrelanger Abwesenheit mit geschlossenen Augen erkannt haben, daß er sich in der Reichshaupt- und Residenzstadt Wien befinde. Städte lassen sich an ihrem Gang erkennen wie Menschen.

Robert Musil

Städtisches Gaswerk in Simmering

Maschinen- und Lokomotivfabrik Georg Sigl

Stadtbahnbrücke über das Wiental, Regulierung des Wienflusses

Aus dem ölglatten Geist der zwei letzten Jahrzehnte des 19. Jahrhunderts hatte sich plötzlich in ganz Europa ein beflügelndes Fieber erhoben. Niemand wußte genau, was im Werden war; niemand vermochte zu sagen, ob es eine neue Kunst, ein neuer Mensch, eine neue Moral oder vielleicht eine Umschichtung der Gesellschaft sein solle.

Robert Musil

Wohn- und Gewerbegebiet in der Vorstadt Laimgrube

Wien – dieser angenehm lautende Einsilber ist nun mehr als verheißungsvoller Klang und beängstigender Begriff, es ist wirklich da. Ich bin hingekommen, bin mitten drin. Mitten drin ist eine Mulde, heißt Graben. Am Rand dieses Grabens wohn ich, ein kleines Stück die Gasse hinauf. In dem Gasthaus, in dem ich wohne, soll hoch oben in einem Zimmer der Dichter seine letzte Lebenszeit verbracht haben, der dieser Stadt und uns Fremden einst neue Gesetze des Genusses gab. Ich hab ihn gesehn vor langer Zeit, als er in München eine Gastrolle des Daseins gab und aus dem «Stefanie» durch seine Gegenwart ein richtiges Caféhaus machte. Und hier in dem dämmerigen Café, das zum Hotel gehört, hat er, erzählt man mir, des Abends gesessen im engeren Kreis. Ich denke ihn mir dort in den Winkel, sehe Augen über einem hängenden Bart und deutlicher die kleine Hand, die belehrend aus einem Pulswärmer, «dem Pelz der Armen», kommt. Ich sitze mit den Männern, mit den Mädchen, bei ihm wie zu seinen Füßen. Und geh ich die Gasse hinunter, so ist in den Steinen der Gasse noch etwas von seinem Schritt und über dem Pflaster von seinem Flug.

Franz Hessel

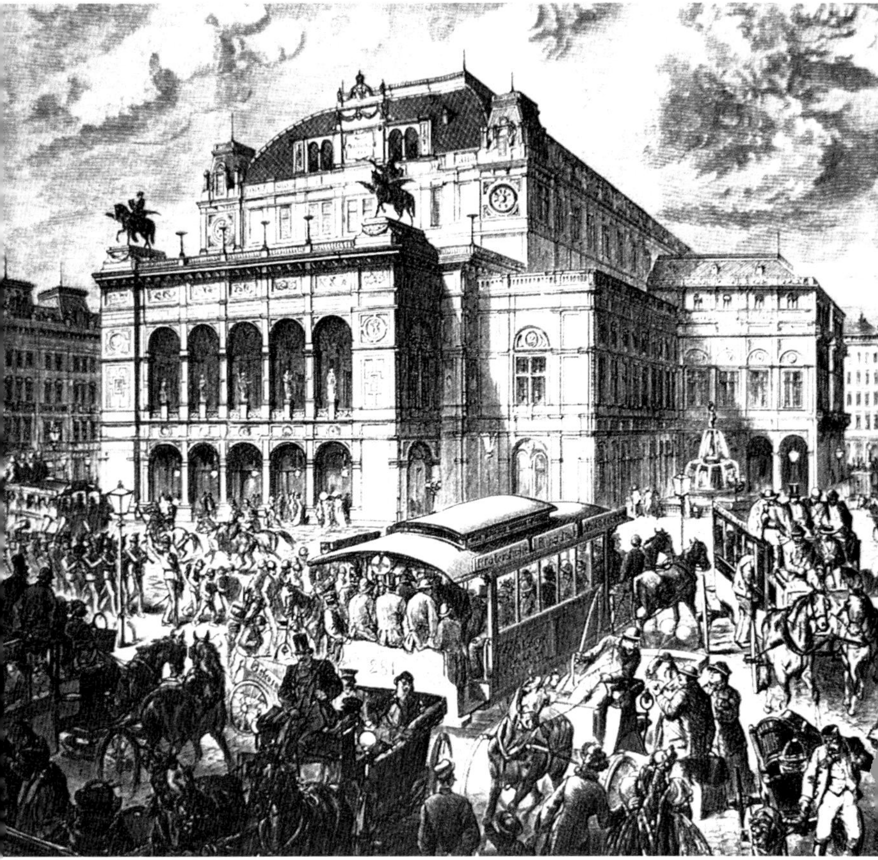

Straßenverkehr auf der Opernkreuzung

Terrasse eines Pariser Cafés im Winter

Paris – Stadt des Luxus und der Revolution

«All das, Begierden, Gewalttätigkeiten,
entfesselte Wünsche,
brodelten in dem riesigen Kessel von Paris»

Émile Zola

Unter dem Namen «Lutetia» wird im Jahr 54 v. Chr. erstmals eine größere menschliche Ansiedlung auf einer zentralen Seine-Insel erwähnt. Die Parisier, ein keltischer Stamm, hatten sich dort niedergelassen. Als sich dieser Stamm im 3. und 4. Jahrhundert weit ins Umland der heutigen «Ile de la Cité» ausgebreitet hatte, wurde die Stadt von «Lutetia» in «Paris» umbenannt.

Bereits um das Jahr 500 n. Chr. war Paris Hauptstadt des Merowinger-Reiches geworden, hatte dann jedoch im Gefolge des Aufstieges der Karolinger an Bedeutung verloren. Erst um 1000 erlangte die Stadt wieder ihre einstige Stellung, die sie zum Handelszentrum Westeuropas werden ließ. Die französischen Könige machten Paris um das Jahr 1200 zu ihrer Hauptresidenz.

Die Stadt zählte nun bereits über 100 000 Einwohner. Nach und nach siedelten sich Handel und Gewerbe am rechten Seine-Ufer an; die südlichen Stadtbezirke wurden zum Zentrum der Schulen, die Keimzelle der später berühmten Universität Sorbonne waren.

Die mittlerweile 425 000 Einwohner zählende Stadt blieb auch 1684, im Anschluß an den Wechsel des Königshauses nach Versailles, weiter Metropole des französischen Reiches. In Paris fielen alle bedeutenden politischen Entscheidungen. Alle revolutionären Bewegungen nahmen dort ihren Ausgang: So die große bürgerliche Revolution des Jahres 1789 oder die Revolutionen von 1830 und 1848. Folgerichtig fand auch das erste große sozialistische Experiment, die Kommune von 1871, in der Seine-Metropole statt. Paris war und blieb bis zur Jahrhundertwende der zentrale politische Unruheherd Europas, von dem revolutionäre Ideen und Strategien in andere Staaten ausstrahlten.

Die Stadt weist um 1900 eine deutliche funktionale und soziale Gliederung auf. Im 5. und 6. Arrondissement ist das gelehrte und universitäre Leben zur Blüte gelangt, auch die kirchlichen Institutionen haben hier ihr Zentrum gefunden. Im 10. Bezirk siedeln die Großhändler. 7. und 8. Arrondissement haben sich zu bevorzugten Wohngegenden der wohlhabenden Pariser entwickelt. Alle Sparten des Unterhaltungsgewerbes waren im 9. und 18. Bezirk besonders stark vertreten.

Um das Jahr 1850 begann die große städtebauliche Metamorphose der innerstädtischen Bezirke unter dem Baumeister Eugène Georges Haussman. Er wollte die unübersichtlichen und daher von der politischen Gewalt kaum beherrschbaren Stadtviertel abreißen und die neu erbauten Blöcke durch schnurgerade Straßenzüge miteinander in Verbindung bringen. Unter Haussmans Regie wurden zehn neue Brücken errichtet; ebenso gehen auf seine Planung die großen Boulevards und zahlreiche Parkanlagen zurück.

Paris um 1900 – das ist Fin de Siècle, das nahende Ende der «Belle Époque», es ist die Zeit der großen Ausstellungen, des Eiffelturms, der Métro, des verschwenderischen Luxus, aber auch großer Armut und verbrecherischer Ausbeutung menschlicher Arbeitskraft.

Durch die Ausrichtung der «Weltausstellung», die 1852 erstmals in Paris stattfand, konnte sich die Seinestadt endgültig als Zentrum der Moderne etablieren.

Symbol von Aufstieg und Führungsrolle zugleich war der Eiffelturm, der 1889 als damals höchstes Gebäude der Welt zur Weltausstellung auf dem Marsfeld errichtet wurde. Die Atmosphäre der Pariser Weltausstellung des Jahres 1900 strahlt stärker noch als die vorhergehenden eine ungebrochen-positive Zukunftshoffnung auf das beginnende 20. Jahrhundert aus.

Paris wuchs weiter. Die Stadt wurde zum Fluchtpunkt für immer neue Einwanderungsströme sowohl aus der französischen Provinz als auch aus dem näheren und ferneren Ausland. Teils aus politischen, teils aus wirtschaftlichen Gründen wählten sie Paris als neue Heimat. Als Folge davon bildeten sich Immigranten-Viertel.

Die neuen Boulevards, die sich nun durch die Stadt zogen, waren zum öffentlichen Raum für die Bürger geworden, jener Schicht, die unter der Parole «Bereichert euch!» vor allem riesige Summen an der Bauspekulation verdient hatten. Auf den Boulevards fand diese Bourgeoisie Kommunikation mit ihresgleichen, aber auch standesgemäße Vergnügung und Zerstreuung. Das Fin de Siècle ist die große Zeit von Moulin Rouge und Folies Bergères, der Tanzmoden «Cake Walk» und «Tango» und nicht zuletzt der Revuetänzerinnen, die allgemein «grandes horizontales» genannt wurden.

Das glanzvolle Paris der reichen Nutznießer der «Belle Époque» täuschte jedoch über die andere Seite des Großstadtlebens hinweg, eine Seite, die bei einem Großteil der Bevölkerung von sozialem Elend und bitterer Armut gekennzeichnet war. Die sorglose Genußsucht und die Marotten der Reichen prägten den Ruf der Stadt als Zentrum des Luxus und der Moden. Aus aus diesem Grund etablierte sich Paris als bevorzugtes Ziel wohlhabender Touristen, die es sich leisten konnten, in teuren Luxushotels wie dem «Ritz» abzusteigen und in den seit der Jahrhundertmitte aus dem Boden geschossenen Warenhauspalästen kostspielige Einkäufe zu tätigen.

Die Wirtschaft florierte zwar infolge der Erschließung neuer Absatzmärkte, gleichzeitig sanken die Löhne jedoch auf einen Tiefpunkt. Die Klassengegensätze verschärften sich. Das Paris an der Schwelle des 20. Jahrhunderts war zugleich glanzvoll und mörderisch, reich an gesellschaftspolitischen Ideen und Neuansätzen, aber gleichzeitig von erschreckender Unbarmherzigkeit gegenüber den Unterschichten.

Dies fand reiches Echo in der intellektuellen Szene. Mehr als irgendwo sonst waren die Pariser Cafés die Zentren politischer Debatten. Die zahlreichen Putschpläne, die in Caféhäusern ausgeheckt wurden, Skandale im Parlament, Staatsaffären und Korruptionsfälle lieferten Stoff für leidenschaftliche Diskussionen. Nicht zuletzt auch für die Sensationspresse, deren journalistische Vertreter sich mit Vorliebe im Café Napolitain aufhielten.

Paris ist um 1900 eine Weltstadt, in der wie kaum anderswo neue Ideen mit überlieferten Ideologien zusammenprallten, in Politik und Wirtschaft ebenso wie in der Kunst. Als unbestrittene Hauptstadt des 19. Jahrhunderts gilt Paris auch an der Schwelle zum 20. Jahrhundert nicht nur als Zentrum Frankreichs, sondern als Weltmetropole schlechthin.

Panorama von Paris vom Eiffelturm

Allein die große Mehrheit der Pariser vollzieht ihre Geschäfte mit der unbekümmerten Sicherheit und Pünktlichkeit eines vollendeten Automaten, und gelingt es der exaltierten Minorität unter Mitwirkung begünstigender Umstände von außen, dennoch von Zeit zu Zeit eine Umwälzung in Szene zu setzen und, wie bei der Kommune 1871, die souveräne Tollhäuslerei mit ihrem ganzen Stab von zerstörungswütigen Farceurs auf den Thron zu erheben, daß man meinen möchte, nun sei für das moderne Babylon das Ende aller Dinge gekommen; siehe, in einem Minimum von Zeit wendet sich das apokalyptische Wirrsal, die Verhältnisse ordnen sich, die Ruinen werden fortgeschafft, tausend Hände rühren sich, die Spuren der Verwüstung durch neuen, reicheren Schmuck vergessen zu machen, Paris erscheint glänzender und glücklicher als zuvor – und der Mechanismus schnurrt und saust fröhlich weiter, in riesiger Geschäftigkeit Erzeugnisse auf Erzeugnisse, Werte auf Werte häufend.

Michael Georg Conrad

Gebäude der Hygiene-Ausstellung auf der Weltausstellung von 1900

Rond-Point des Champs-Élysées

Er stürzte sich abermals ins Gedränge der Trottoirs, mitten in den betäubenden Lärm der Fahrstraßen, mit gierigem Verlangen, seine Wunde noch zu verschlimmern, seine Empörung und seine Wut zu sättigen. Befand sich nicht an der Ecke dieser Straße, am Ende dieses Boulevards der erwartete Abgrund, in den diese faulige Welt hinabstürzen sollte, deren alte Gesellschaft er krachen hörte bei jedem Schritt?

Émile Zola

Coupés und Landauer auf der Avenue du Bois de Boulogne

Verkehr auf der Rue de Richelieu

So, also hierher kommen die Leute, um zu leben, ich würde eher meinen, es stürbe sich hier. Ich bin ausgewesen. Ich habe gesehen: Hospitäler. Ich habe einen Menschen gesehen, welcher schwankte und umsank. Die Leute versammelten sich um ihn, das ersparte mir den Rest. Ich habe eine schwangere Frau gesehen. Sie schob sich schwer an einer hohen, warmen Mauer entlang, nach der sie manchmal tastete, wie um sich zu überzeugen, ob sie noch da sei. Ja, sie war noch da. Dahinter? Ich suchte auf meinem Plan: Maison d'Accouchement. Gut. Man wird sie entbinden – man kann das. Weiter, rue Saint Jacques, ein großes Gebäude mit einer Kuppel. Der Plan gab an Val de Grâce, Hôpital militaire. Das brauchte ich eigentlich nicht zu wissen, aber es schadet nicht. Die Gasse begann von allen Seiten zu riechen. Es roch, soviel sich unterscheiden ließ, nach Jodoform, nach dem Fett von Pommes frites, nach Angst. Alle Städte riechen im Sommer. Dann habe ich ein eigentümlich starblindes Haus gesehen, es war im Plan nicht zu finden, aber über der Tür stand noch ziemlich leserlich: Asyle de nuit. Neben dem Eingang waren die Preise. Ich habe sie gelesen. Es war nicht teuer.

Rainer Maria Rilke

Weltausstellung 1900, Palais des Mines et Métallurgie

Trödlerladen in der Rue Gozlin

Rue des Ursins, Ile de la Cité

Wenn der Abend sich auf die Stadt senkt und der Himmel unsichtbar wird, als schlösse er wie ein Laden zur Feierabendstunde seine Läden, verlasse ich mein Zimmer und streife durch die Volksquartiere des Temple und der Bastille. Eine Zeitlang verlockten mich die vornehmen Viertel hinter der Oper, aber sie sind nur elegant und langweilig. Das Leben zieht sich in ihnen schon hinter die Häuser zurück; in ihnen werde ich nicht mehr an die große Materialität des Daseins erinnert, nicht an die Arbeit und den Unterhalt, nicht an den harten Zwang des Tages. In den Volksquartieren sind Haus neben Haus Läden.

Otto Flake

MONTROUGE - GARE de L'E

Boulevard Saint-Michel

Was jedoch ihre höchste Aufmerksamkeit erregte, das war auf der andern Seite der Straße das Bonheur des Dames, dessen Schaufenster sie durch die offenstehende Tür beobachten konnte. Der Himmel blieb bedeckt, ein sanfter Regen machte die Luft lind, trotz der Jahreszeit; und in dem blassen Tageslicht, das von zerstreutem Sonnenstaub durchsetzt zu sein schien, ging es in dem großen Warenhaus bei vollem Verkaufsbetrieb lebhaft zu.

Da hatte Denise das Gefühl, eine mit Hochdruck arbeitende Maschine vor sich zu haben, deren Schwung sich noch den Auslagen mitteilte. Das waren nicht länger die kalten Schaufenster vom Morgen; jetzt schienen sie von der inneren Erschütterung zu erwärmen und zu vibrieren.

Émile Zola

Autobus der Linie «Avenue de Clichy – Odéon»

Verkehrsstockung in der inneren Stadt

Wer in Paris als erwerbendes Individuum vorwärtskommen will, muß sich als gehorchendes Rädchen in die große Maschine einfügen lassen; denn die Pariser Gesellschaft ist kein lebendiger Organismus, sie ist ein ingeniöser Mechanismus, der mit wunderbarer Präzision seine Funktionen verrichtet. Ob das Triebwerk Haare kräuselt, künstliche Blumen fabriziert, Operetten und Feuilletons schreibt oder ob es in einer höheren Ordnung gemeinsamer Tätigkeit den Künsten und Wissenschaften neue Impulse verleiht, Kriege führt und Revolutionen macht, die fremden Elemente arbeiten dabei mit der nämlichen mechanischen Zuverlässigkeit, mit derselben instinktiven Hingabe und Opferwilligkeit wie die französischen, und was zustande kommt und den Beifall oder den Verdammungsspruch der Welt findet, es ist im weitesten Sinne des Wortes ein «Article de Paris», gleichgültig, wie die heterogenen geistigen Elemente heißen, die aus allen Ecken und Enden der Welt ihre spezifische Kraft zusammengeschossen, um die Maschine des Parisianismus in Schwung zu erhalten. Eine fürchterliche Maschine, mit dem besten Gehirnfett der modernen Menschheit geschmiert; ein ebenso kompliziertes als despotisches Instrument, dessen Tyrannei kaum dem Genie, dem Millionär und dem Gauner einige individuelle Freiheit gestattet.

Michael Georg Conrad

Auf den Montmartre muß man vormittags gehn. Um auf dem kleinbürgerlichen Markt der Rue Lepic den bunten Stand- und Wanderwaren und denen, die da einkaufen, zu begegnen. Der Negerin mit Kartoffeln und Bananen im Netz. Dem Maler in veralteter Tracht, Samtjacke, Schmetterlingskrawatte, Flatterhaar. Er trägt das lange Brot, das er vom Bäcker geholt hat, wie eine Lanze eingelegt. Da trotten in fast denselben rosa Pantoffeln die ältliche Hausmeisterin und das zierliche Tanzmädchen, Wollstrumpf und Seidenstrumpf. Da ist all das exotische und halbexotische Volk, das abends einen Vergnügungsberuf ausübt. Man ist wie hinter den Kulissen des Abends. Weiter bergauf kommt – zu dieser Zeit ganz stille Dorfstraße – die Rue Tholozé. Schüchterne Hotels, solche, die nur meublé, und solche, die Loui's und Stella heißen. Graue Gardinen mit Katzen davor, die würdig sind wie die römischen. Und hoch oben eine alte Veste; das Fort (Moulin) de la Galette mit seiner Steinbalustrade, auf der statt Kanonen steinerne Vasen mit Blattpflanzen stehn. Wie an alter Festungsmauer geht man weiter an dem wallhaften Unterbau der oberen Straßen hin bis an die etwas leere Höhe, aus der sich eine modernste Avenue bildet, ein Raum für Versuchsbauten. Da bleib ich nicht, bin geborgener in Durchgang und Torbogen der Rue des Abbesses.

Franz Hessel

La Rue de Mont-Cenis

FIX
FIX
FIX

La Place du Tertre

Die Fleet Street in Londons City

London – Zentrum der Welt

«Nirgendwo macht sich der Unterschied in den Lebensbedingungen so deutlich am Äußeren eines Menschen bemerkbar»

Hippolyte Taine

Unter dem Namen Londonium wurde 61 n. Chr. erstmals ein römisches Militärlager bekannt, das sich rasch zu einem bedeutenden Handelsplatz und später zur Hauptstadt der römischen Provinz Britannia entwickelte.

Ausgrabungen im Gefolge der Zerstörungen des Zweiten Weltkrieges brachten wichtige Aufschlüsse über ein befestigtes Lager aus der Zeit von etwa 80 n. Chr. Innerhalb seines Bereiches folgen die mittelalterlichen und neuzeitlichen Straßen ungefähr der regelmäßigen römischen Anlage. Das römische Lager befand sich innerhalb und getrennt von der später entstandenen Stadtmauer, die als Begrenzung der mittelalterlichen Stadt galt.

London geriet zwischen dem 5. und 9. Jahrhundert, während der Eroberung Englands durch die Angeln und Sachsen, in die Bedeutungslosigkeit, erlebte jedoch einen allmählichen Wiederaufstieg zur Metropole, der damit endete, daß sie um 1100 wieder Hauptstadt wurde.

Als Stadtrepublik unterstand London ausschließlich der Gewalt des jeweiligen Königs. Der wirtschaftliche Erfolg begann durch die Seemacht der Hanse um das Jahr 1157 und kam im 16. Jahrhundert zu höchster Blüte. Das Großfeuer von 1666, das vier Fünftel der City vernichtet hatte, konnte den Aufschwung nicht unterbrechen. London war seither das politische und wirtschaftliche Zentrum Großbritanniens und die Metropole des Empire. Um 1900 betrug die Einwohnerzahl 6,6 Millionen, London war damit die größte Stadt auf dem Globus.

London um 1900 ist weniger die Stadt, die sich selbst entwikkelte, vielmehr bedeutet sie den Mittelpunkt des britischen Weltreichs. So gibt es im Grunde keine Stadtgeschichte, sondern nur die Außenbeziehungen Londons zu den Kolonien, die in der Zeit unter Königin Viktoria I. weltumspannend waren.

Die Stadt der Jahrhundertwende war geprägt durch die sozialen Katastrophen, die der industrielle Fortschritt erzeugt hatte. Die sozialen Kontraste in der britischen Hauptstadt sprengten alles bisher Bekannte.

Zwar war die Kinderarbeit weitgehend eingeschränkt – noch einige Jahre zuvor wurde über einen 16- bis 18-Stunden-Arbeitstag für Kinder diskutiert –, auch besaß die Arbeiterschaft das Koalitions- und Streikrecht, dennoch blieben die erschreckenden Auswüchse von Ausbeutung und Verarmung bestehen. Die Gesellschaft war streng in eigenständige Klassen gegliedert. Unternehmer, Industrieproletariat und Adel bildeten eigene, in sich geschlossene Gesellschaften.

Obwohl der gesamte Reichtum der Kolonialwelt, die sich auf dem Höhepunkt der Macht befand, nach London floß, nahm die Verarmung breiter Bevölkerungsschichten zu. Außer der mondänen Innenstadt machte London einen verwahrlosten Eindruck. Während im East End die Slums immer weiter wuchsen, entwickelte sich das West End zum bevorzugten Quartier der Reichen. Ihre Stadthäuser wurden weiterhin im Prunk der viktorianischen Epoche erbaut.

Die große städtebauliche Entwicklung erfuhr London während der Regierungszeit Königin Viktorias. Einerseits wurden bei der Anlage neuer Durchgangsstraßen und Plätze – Aldwych, Kingsway, Trafalgar Square, Queen Victoria Street, New Oxford Street – Slums saniert, andererseits entstanden infolge der großen Siedlungsverdichtung in den neuen viktorianischen Vorstädten neue Slums. Kern der Stadt war die City als Handels- und Verwaltungszentrum. Industriegebiete und von Eisenbahnlinien und Kanälen durchzogene Wohnviertel umgaben die Innenstadt. Hier standen die «back-to-back-Häuser», die Rückseite an Rückseite gebaut wurden und somit fensterlose Hinterzimmer hatten.

Im Weichbild der Stadt entstanden luxuriöse Villenvororte für die Reichen, die dem Lärm und Schmutz, vor allem aber den als gefährlich angesehenen Unterschichten zu entkommen suchten.

Als Zentrum eines globalen Reiches war London die größte und wohl auch reichste Stadt der Welt. Ihre einzigartige Stellung als führende Banken-, Verwaltungs- und Finanzstadt begann sie jedoch bereits an New York zu verlieren.

Inmitten der von sozialen Spannungen erschütterten Stadt etablierte sich eine Kultur, die gesellschaftlichen Problemen völlig gleichgültig gegenüberstand. Ästhetizismus, viktorianischer Prunk und verfeinerter Jugendstil waren ihre Richtungen.

Oscar Wilde und Aubrey Beardsley schufen den Typus des Ästheten nach dem Vorbild eines Romans von Joris Karl Huysmans («Gegen den Strich»), der die soziale Verantwortungslosigkeit des künstlerischen Dandy zum Lebensideal erhob. Die Stadt und ihre kaum zu lösenden Probleme waren niemals ein Thema dieser Kultur, wohl aber die verfeinerten Sitten und Salons der kleinen, müßigen Oberschicht und ihre exotischen Abenteuer.

Piccadilly Circus

Da und dort mag ja ein Pferdekarren eingeschleust sein, aber das Pferd ist verschwunden, und die Schräge des Karrenbodens dient nun als Rostrum – als Kanzel, von deren Höhe herab die Verkäufer mit Stentorstimme ihre Waren ausrufen, miteinander wetteifernd, der Menge ringsum die billigen Kleider aufzuschwatzen, die flotten Bänder, die Talmi-Juwelen oder Patent-Medizin. Jene, die etwas Sehenswertes feilzubieten haben, treiben ihren Handel aus vollem Halse, wogegen die bescheidene Verdienstlichkeit der billigsten Waren ihren stillen Appell aus den unteren Lagen verbreitet, von dort, wo die bunt gemischte Kollektion solcher Dinge sich befindet als da sind: Baumwollenes Zeug zu Bettüchern, Wachsleinwand zum Zudecken der Möbel, abgelegte Kleider, ausgelatschte Schuhe, beschädigte Lampen, bestoßene Porzellanhirtinnen, rostige Vorlegeschlösser und sonst noch allerlei unbeschreiblicher Plunder. Viele, vielleicht die meisten Dinge dieser «schweigenden Wohlfeilheit» werden ganz geschäftsmäßig gehandelt: Man kauft alte Kleider zum Auffrischen, alte Schuhe zum Umarbeiten, Türangeln und -beschläge zum Blankpolieren. Derlei Sachen können gar nicht schlecht genug aussehen, denn der Käufer kann sich dann einbilden, er habe, unbemerkt vom Händler, ein gutes Geschäft gemacht. Andere Marktstände sind fürs tägliche Bedürfnis da: Fisch wird in großen Mengen verkauft, ferner Gemüse und Obst sowie sonderbare Kuchen und ausländisches Brot.

Charles Booth

Westminster Bridge

Sonnenuntergang in der Stadt

Über der Stadt dreht sich ein ungeheures Rad
mit glühendroten Speichen,
tief unten im Westen brennt seine feurige Achse,
und, verloren in den Himmelsräumen,
flattert als schummrigweiße Motte der Mond.

Hoch über der Stadt flutet eine azurne See
zwischen länglichen Halbinseln aus glänzendem Sand,
der Mond schimmert bald wie opal, bald wie perlmutt,
gleich einer Muschel achtlos auf das wellige Ufer geworfen.

Die Straßen der Stadt werden fremd und geisterhaft,
und als dunkle Silhouette gegen die grünen Seen im Westen
verwandeln sich die dunklen Gebäude in Tempel, und unerhörte
Schatten und Geräusche kriechen in die Domäne des Tages.

In der Stadt lodern die Lampen der Sünde,
Arme, närrische Menschen, die ihr euch selbst nicht kennt!
Noch immer sind müde Füße unterwegs –
zwei Liebende treffen sich im Kuß und schauen einen Stern.

Richard Le Gallienne

Verkehrsstau vor der Royal Exchange

Busverkehr in The Strand zwischen City und West End

Das Klima schmutzt sehr, man braucht oft etwas Neues zum Anziehen. In jeder Zeitung findet man die Adressen von Händlern, die ins Haus kommen, um gebrauchte Kleidung zu kaufen. Ein Gentleman hat die Pflicht, sich immer tadellos zu kleiden; sein getragener Anzug, wenn er ein wenig aus der Mode ist, geht an einen Mann einer niedrigeren Klasse, endet schließlich als Lumpen auf dem Leib eines Armen und markiert auf diese Weise die soziale Stellung seines Trägers. – Nirgendwo macht sich der Unterschied in den Lebensbedingungen so deutlich am Äußeren eines Menschen bemerkbar!

Hippolyte Taine

Holborn Circus und Viaduct

PETER
232
NESTLE'S
MILK
ROYAL OAK
STRAND

Oxford Circus

Er war noch nicht lange genug in London, um dessen größten Zauber empfinden zu können, jenen Zauber, dem auf vielfältige Weise durch den Dichter, den Witz, den Geschäftsmann und den Philosophen zum Wort verholfen ward, was aber insgesamt darauf hinausläuft, daß London die einzige Stadt auf der Welt ist, wo du auf offener Straße Korinthenbrötchen für einen Penny in dich hineinstopfen kannst, ohne daß irgendwer sich nach dir umwendet und dich anstarrt.

James M. Barrie

Markt am Covent Garden

Waterloo Place, Ecke Pall Mall

Etwas wie ehrfürchtige Schau senkte sich auf Rob, als er die Fleet Street entlangschritt – hinunter auf der einen, zurück auf der anderen Seite. Er konnte sich's nicht verkneifen, allen Entgegenkommenden ins Gesicht zu schauen und sich zu fragen, ob vielleicht *sie* die *Times* herausgaben. Der hagere Mann, der es so eilig hatte, rechtzeitig anzukommen, an welchem Ziele immer, mochte ein Literat sein, dessen Namen Rob auswendig wußte, aber vielleicht war's auch nur ein abgetakelter Journalist, bereit, jeder halben Krone nachzulaufen. Der so gütig dreinblickende Mann, dem Rob eben deshalb zulächelte, wurde mitten auf der Fahrbahn plötzlich ganz kopfscheu und geriet außer Sicht hinter einem Halbdutzend Hansoms – dieser gutmütig Dreinblickende war ein Kriegskorrespondent, der so lange in Afrika gewesen war, daß jede Überquerung der Londoner Straßen ihn den Kopf verlieren machte. Der Jüngling, der sich auf dem Heimweg befand, ein Schweinskotelett in der Tasche, gab möglicherweise ein Gesellschaftsjournal heraus. Rob erkannte nicht den berühmten Dichter in jenem kleinen, stämmigen Mann, der nachdenklich vor einem Walnußkarren stand, und er irrte auch, als er in dem bärtigen Herrn, der da hoch erhobnen Hauptes einherschritt, eine besondere Persönlichkeit vermutete. Er beobachtete einen blassen jungen Mann, der schmachtend herüberblickte, und fragte sich, ob's wohl ein Dieb oder ein kleiner Redakteur sei.

James M. Barrie

Passanten vor der Bank of England

Früh wird zur Harmonie in Grau
Der nächt'gen Themse Blau und Gold:
Mit ockerfarbnen Planken rollt
Ein Boot vom Kai; gelbes Gebrau

Kriecht um die Brücken, nebelmatt
Wird jede Hausfront, unbestimmt,
Wie eine ferne Blase schwimmt
Sankt Paul nur ob der Riesenstadt.

Dann plötzlich wird das Leben wach:
Der Troß der Bauernwagen zieht
Die Straßen her, ein Vogel flieht
Und singt vom tagbeglänzten Dach.

Ein blasses Weib nur ganz allein
– im Zwielicht ist ihr Haar so fahl –
Säumt in der Gaslaternen Strahl:
Flamme ihr Mund, ihr Herz von Stein.

Oscar Wilde

West India Docks

Coenties Slip, Hochbahnen zwischen Front Street und Pearl Street

New York – Existenzkampf und Straßenschluchten

«Das ist kein Ort für einen alten Mann,
das ist für die Jungen und Starken, ist das.»
John Dos Passos

1626 gründete der Kolonisator Peter Minnuit auf der Insel Manhattan die niederländische Handelsstation Neuamsterdam. Nach der Eroberung durch britische Kolonisten im Jahr 1664 wurde die Niederlassung in «New York» umgetauft.

Während des Unabhängigkeitskrieges gegen Großbritannien (1775 – 1781) war die Stadt kurzfristig Hauptquartier der Aufständischen und wurde von den Briten erobert. In der Zeit zwischen 1789 und 1790 war New York Sitz der Unionsregierung.

Der planmäßige Ausbau der Stadt mit der schachbrettartigen Anlage der Straßen und Häuserblocks wurde zu Beginn des 19. Jahrhunderts in Angriff genommen und war um 1900 so gut wie abgeschlossen. Begünstigt durch die geographische Lage an der Atlantikküste entwickelte sich New York zur führenden Industrieregion, vor allem aber zum Zentrum des Kapitalhandels und der Verwaltung. Diese Faktoren machten die Stadt zum begehrten Ziel der Auswanderer aus der Alten Welt, die sich hier Aufstieg und schnellen Reichtum erhofften.

Immigrantenströme überschwemmten New York besonders in der zweiten Hälfte des 19. Jahrhunderts. Es bildeten sich Nationalitäten-Ghettos. Durch ein Gesetz vom 4. Mai 1897 wurde der Verwaltungsbezirk «Greater New York» geschaffen, der die Stadt New York City im Bundesstaat New York begründete.

Das New York der Jahrhundertwende war charakterisiert durch Tausende von Einwanderern verschiedenster Nationalitäten, ferner durch den Konflikt zwischen weißer und schwarzer Bevölkerung. Vor allem aber wurde die Atmosphäre geprägt durch die immer rüder werdenden Geschäftsmethoden reicher Kapitaleigner, die vor

Korruption, Mietwucher und politischer Bestechung nicht zurückschreckten. New York erschien als eine brutale Stadt, in der jeder für sich versuchen mußte, zunächst die eigene Existenz zu sichern. Sehr viele scheiterten an diesem Überlebenskampf.

Nach dem Zusammenschluß von Manhattan, Queens, Brooklyn, Bronx und Richmond zur Großstadt New York City lebten um die Jahrhundertwende über 3 Millionen Menschen im Stadtgebiet. Bereits zwischen 1870 und 1880 hatte die Einwohnerzahl die Millionengrenze überschritten. Seit 1853 kamen über 7 Millionen Auswanderer aus der Alten Welt in die Stadt, die zum Sprungbrett in ein neues Leben werden sollte, oft jedoch auch dessen Endstation wurde.

1892 hatte die Verwaltung die Tore der Einwanderer-Aufnahme-Station Castle Garden geschlossen und statt dessen das Durchgangslager «Ellis Island» eingerichtet.

Auf der vor Manhattan gelegenen Insel wurden täglich bis zu 5000 Immigranten abgefertigt. Die große Mehrheit konnte «Ellis Island» bereits nach wenigen Stunden verlassen, um sich kurz- oder meist langfristig in New York niederzulassen.

Die Nationalitäten blieben zunächst unter sich, so daß die im Begriff «Schmelztiegel New York» angesprochene Durchmischung einstweilen noch nicht stattfand. Statt dessen zog man nach «Little Italy», ins jüdische Viertel oder ins «Deutschländle» an der Lower East Side von Manhattan.

Die räumliche Trennung und die Bildung von Ghettos wurde durch den Rassenkonflikt zwischen Schwarz und Weiß noch verstärkt. Die Mehrheit der farbigen Bevölkerung lebte westlich der 6th Avenue, dem «African Broadway», wo immens hohe Mieten kassiert wurden, die Bebauung jedoch dem Verfall preisgegeben war. Nach schweren Ausschreitungen weißer Rassisten gegen die schwarze Bevölkerung im August 1900 begann deren Umsiedlung in den Stadtteil Harlem, der sich seitdem zum Zentrum der Farbigen entwickelte.

Die wohlhabenden New Yorker hatten ihr Quartier in der Gegend um die 5th Avenue bereits bezogen. Hier, an der sogenannten «Marble Street», entstand eine große Zahl von Prachtbauten der führenden Unternehmerfamilien.

Die wirtschaftliche Macht nicht nur New Yorks, sondern des ganzen Landes, konzentrierte sich an der Wall Street. Hier entstand das US-amerikanische Zentrum von Verwaltung und Industrie. Ein Kritiker bemerkte um die Jahrhundertwende, daß die New Yorker Industriellen alle zusammengenommen wohl einige hundert Jahre Gefängnis auf sich vereinigen würden, sollten ihre brutalen Geschäftspraktiken (Korruption und Sabotage selbstverständlich eingeschlossen) jemals vor Gericht abgeurteilt werden.

Sieht man davon jedoch ab, so leisteten die Gewinner im Existenzkampf der riesigen Stadt Bedeutendes auch für die Allgemeinheit. So stiftete etwa der Stahlunternehmer Andrew Carnegie den größten Teil seiner Gewinne zugunsten öffentlicher Einrichtungen, unter anderem ließ er 2811 öffentliche Bibliotheken errichten.

Die Anlage der rechtwinkligen Straßen nach dem Plan von 1811 kam dem Autoverkehr New Yorks zugute. Im November des Jahres 1900 fand die erste Ausstellung im Madison Square Garden statt. Gegen den erbitterten Widerstand der meisten Einwohner befuhren die Automobile die Straßen, wenn auch mit einer behördlich festgelegten Geschwindigkeitsbegrenzung auf 13,5 km/h.

Eindrucksvoller, da schon von weitem sichtbar, war jedoch die einmalige optische Kulisse der Stadt – und dies bereits zu Beginn des 20. Jahrhunderts. Nirgendwo sonst auf der Welt wuchsen die Häuser so schnell über jedes gewohnte Maß hinaus wie in der engen Geschäftsmetropole Manhattan.

Das «Washington Building» von 1882 umfaßte bereits zwölf Stockwerke und war Stein für Stein gemauert. Innerhalb weniger Jahre konnten sich die Bauwerke infolge der neuentwickelten Betonbauweise von 16 über 34, schließlich gar auf 39 Stockwerke steigern. Die Luxusgegend rund um die Wall Street wuchs rasant in die Höhe. Bereits 1913 erreichte das «Woolworth Building» bislang einmalige 60 Stockwerke. Das Leben in der Höhe ebenso wie der Existenzkampf wurde im New York der Jahrhundertwende zur selbstverständlichen Alltäglichkeit.

Lower Manhattan, Blick von der Brooklyn Bridge

New York Times Building

Dämmerung glättet sanft die spröden winkligen Straßen. Dunkel drückt schwer auf die dampfende Asphaltstadt, zermalmt das Gitterwerk der Fenster und Ladenschilder und Schornsteine und Wassertanks und Ventilatoren und Feuerleitern und Simse und Kantenformen und Wellbleche und Augen und Hände und Schlipse zu blauen Klumpen, zu schwarzen, riesigen Blöcken. Unter dem wälzenden, schwerer und schwerer werdenden Druck platzt aus den Fenstern Licht, Nacht quetscht helle Milch aus Bogenlampen, preßt die trüben Häuserblocks, bis sie rot, gelb, grün in Straßen tropfen, die von Schritten widerhallen. Der ganze Asphalt näßt Licht. Licht sprüht aus den Schriften an den Dächern, wirbelt schwindlig zwischen Rädern, färbt wälzende Tonnen Himmel.

John Don Passos

Umbra vitae

Die Menschen stehen vorwärts in den Straßen
Und sehen auf die großen Himmelszeichen,
Wo die Kometen mit den Feuernasen
Um die gezackten Türme drohend schleichen.

Und alle Dächer sind voll Sternedeuter,
Die in den Himmel stecken große Röhren,
Und Zauberer, wachsend aus den Bodenlöchern,
Im Dunkel schräg, die ein Gestirn beschwören.

Selbstmörder gehen nachts in großen Horden,
Die suchen vor sich ihr verlornes Wesen,
Gebückt in Süd und West und Ost und Norden,
Den Staub zerfegend mit den Armen-Besen.

Georg Heym

Broadway, Straßenbahnstation an der Grace Episcopal Church

Wenn einem New York zuwider ist – das schlimme ist, daß man nirgendwo anders hin kann. Hier ist der Gipfel der Welt. Wir können uns immer nur drehen wie in einem Eichhörnchen-Käfig.

John Dos Passos

Hester Street, polnisches und russisches Viertel

Kein Viertel dieser Stadt bietet an diesen schönen Mainachmittagen ein glänzenderes, lebhafteres, gedrängteres Menschenschauspiel als die Gegend, die die 14. Straße (besonders das kurze Stück zwischen Broadway und 5. Avenue) samt Union Square und Umgebung umfaßt. Alle die Straßen sind hier breit und die Plätze groß und frei – jetzt überflutet vom flüssigen Gold des machtvollen Sonnenscheins der letzten zwei Nachmittagsstunden. Gegen fünf Uhr muß der ganze Stadtteil an den Tagen, als ich dort war, 30 000 bis 40 000 schön gekleidete Menschen enthalten haben, alle in Bewegung, viele gut aussehend, viel schöne Frauen, oft junges Volk und Kinder, diese in Gruppen mit ihren Bonnen – die Gehsteige überall gedrängt voll lichten Gewühls (aber keine Zusammenstöße, keine Störung), voll leuchtender Farben, Bewegung, geschmackvoller Toiletten (die Frauen kleiden sich zweifellos besser als früher, und ebenso die Männer). Es ist, als ob New York an diesen Nachmittagen zeigen wolle, was es an erlesenen menschlichen Gestalten und Physiognomien, an unerschöpflicher Fülle von Fahrzeugen, Modewaren, Glanz, Magnetismus und Glück zu bieten hat.

Walt Whitman

Little Italy, Mulberry Street

Broadway, Ecke City Hall Park

Fifth Avenue, Ecke 33rd Street

He, paß auf . . . Ein plötzliches eisernes Dröhnen kracht hinten auf ihn herab. Fifth Avenue kreist in roten, blauen, violetten Spiralen. Herrje «Schon gut, laßt mich in Ruhe, ich steh gleich selber auf». «Weitergehen. Zurück da.» Schreiende Stimmen, blaue Säulen der Policemen. Sein Rücken, seine Beine sind ganz klebrig warm vom Blut. Fifth Avenue pocht mit grell anschwellenden Schmerzen. Eine kleine Glocke klingelt immer näher heran. Als sie ihn in den Rettungswagen heben, kreischt Fifth Avenue in würgender Agonie und birst.

John Dos Passos

Broad Street, Ecke Water Street

Auf einem Häuserblocke sitzt er breit,
Die Winde lagern schwarz um seine Stirn.
Er schaut voll Wut, wo fern in Einsamkeit
Die letzten Häuser in das Land verirrn.

Vom Abend glänzt der rote Bauch dem Baal,
Die großen Städte knieen um ihn her.
Der Kirchenglocken ungeheure Zahl
Wogt auf zu ihm aus schwarzer Türme Meer.

Wie Korybanten-Tanz dröhnt die Musik
Der Millionen durch die Straßen laut.
Der Schlote Rauch, die Wolken der Fabrik
Ziehn auf zu ihm, wie Duft von Weihrauch blaut.

Das Wetter schwält in seinen Augenbrauen.
Der dunkle Abend wird in Nacht betäubt,
Die Stürme flattern, die wie Geier schauen
Von seinem Haupthaar, das im Zorne sträubt.

Er streckt ins Dunkel seine Fleischerfaust,
Er schüttelt sie. Ein Meer von Feuer jagt
Durch eine Straße. Und der Glutqualm braust
Und frißt sie auf, bis spät der Morgen tagt.

Georg Heym

Sixth Avenue, Ecke West 20th Street

QUAKER
OATS

Battery Place, Broadway

East Side der Fifth Avenue, Ecke 48th Street

Zehntausend Fahrzeuge jagen durch den Park an diesem wunderschönen Nachmittag. Was für ein Schauspiel! Und ich habe alles gesehen und genau und mit Muße beobachtet. Privatkaleschen, Droschken und Coupés, schöne Pferde, Schoßhunde, Bediente, modische Kleider, Ausländer, Kokarden an Hüten, Federbüsche – die ganze ozeangleiche Flut von New Yorks Reichtum und «Aristokratie». Es war ein imposanter, reicher, endloser Zirkus in größtem Maßstab, voll Bewegung und Farbe in der Schönheit des Tages, in der klaren Sonne und milden Luft. Familiengruppen, Paare, einzelne Fahrer – natürlich meist elegant gekleidet – viel «Stil» (aber vielleicht wenig oder nichts, selbst hierin, voll in sich gerechtfertigt). Durch die Fenster von zwei oder drei der vornehmsten Wagen sah ich Gesichter, fast leichenblaß, so aschfahl und schlaff. In der Tat ließ die ganze Angelegenheit in Geist und Haltung weniger vom echten Amerika erkennen, als ich von einem so erlesenen Massenschauspiel erwartet hätte. Als Beweis für den grenzenlosen Reichtum und Luxus besagter «Aristokratie» war es ja wohl überwältigend.

Walt Whitman

WHITE
DENTAL
ROOMS
DENTISTS
DENTIST
BRIDGES
CKER
CAFE
DRUGS

Lexington Avenue, Ecke East 59th Street

Fifth Avenue, Ecke West 10th Street

In allen Büros stehen rot lackierte Schreibtische und gelb lackierte Schreibtische und Schreibmaschinen zwitschern und zirpen wie Kanarienvögel, und den ganzen Tag fällt graue Asche von den Zigarren dicker Männer in Drehstühlen, und Telegraphenticker schleudern Vierer und Achter und Dollarzeichen und Ziffern heraus, rasseln Millionen heraus, die es nicht gibt. In allen Häusern, in Appartements wie Schuhschachteln wischen sie Staub, Frauen in Kitteln und alten rosa Kimonos, . . . und dicke Männer und große Männer und dünne Männer und kleine Männer tragen ihr Leben ab, indem sie ihre Hosen auf Drehstühlen durchrutschen.

John Dos Passos

West Side der Fifth Avenue, Ecke 34th Street

Ich kann nicht durch diese Straßen laufen ohne zu frösteln ... Immer habe ich an all diese Gesichter denken müssen, die da auf dem Bürgersteig entlangtreiben, die dir wackelnd in der Bahn gegenübersitzen, so unbestimmt freundlich und liebenswert; ich wollte einer von ihnen sein, hineintauchen in die Menge wie ein Meer.

John Dos Passos

Ein anderes Bild, wieder von fünf bis sieben Uhr nachmittags. Die ganze 5. Avenue entlang und den ganzen Weg von den Ausgängen des Zentralparks in der 59. Straße bis hinunter zur 14. ein Mississippi von Pferden und eleganten Fahrzeugen, nicht ein oder zwei Dutzend, sondern Hunderte und Tausende. Die breite Straße ist von ihnen erfüllt und vollgepfropft – ein regsames, funkelndes, hastendes Gewühl, mehr als zwei Meilen lang. (Ich möchte wissen, ob es nicht manchmal ins Stocken kommt, aber ich glaube, das geschieht nie.) Alles in allem ist es für mich das märchenhafte Bild von New York. Ich liebe es, einen der Omnibusse in der 5. Avenue zu besteigen und der reißenden Prozession entgegenzufahren. Ich glaube nicht, daß London oder Paris oder irgendeine andere Stadt der Welt einen derartigen Wagenkorso aufzuweisen hat, wie ich ihn hier fünf- oder sechsmal an diesen schönen Mainachmittagen gesehen habe.

Walt Whitman

The Bowery, Ecke Canal Street

Belle Époque – Die Umwälzung in den Städten

«Und plötzlich versinkt ein ganzes Zeitalter mitsamt seinem Lebensstil und seiner Kunst, obwohl es die bedeutendsten Grundlagen der Moderne geschaffen hat.»

Belle Époque – das ist die Zeit um die Jahrhundertwende, die mit der Katastrophe des Ersten Weltkriegs in sich zusammenfiel. Zentrum dieser Epoche waren die großen Städte, in denen sich der Begriff der Moderne, um 1890 in Berlin entstanden, in allen Lebensbereichen durchzusetzen begann.

Die Belle Époque galt jedoch nur für eine kurze Zeit; ihr äußerer Schein der Eleganz und des hemmungslosen Luxus (vor allem die Mode war ihr welthistorischer Maßstab) verdeckte die Spannungen, die sich nach dem Erfolg der industriellen Revolution in Europa mehr und mehr verfestigten.

An der Oberfläche erscheint die Jahrhundertwende als Zeit der ständig wechselnden Moden, eines ungebrochenen Fortschrittsglaubens, der Kunstprogramme und literarischen Manifeste, der neuen Massenkultur mit Stars und ihren Bewunderern, der Varietés, des Jugendstils und der Operetten. Es ist die Zeit der eleganten und glänzenden Weltstädte.

Trotz dieses äußeren Glanzes, den neuen Zerstreuungen der Massenkultur und des Luxus der Aristokratie, war die Belle Époque vor allem eine Epoche der Unzufriedenheit und Entwurzelung.

Spürbar ist ein Unbehagen an der Modernisierung aller Lebensbereiche sowohl bei den Wohlhabenden, die um ihre traditionellen Privilegien fürchteten, als auch bei den fortschrittlichen Kräften, denen die dunklen Seiten des industriellen und wissenschaftlichen Fortschritts deutlich wurden. Nicht zu vergessen die dunklen Seiten des bürgerlichen Lebens, wie sie von der bestimmenden Wissenschaft der Jahrhundertwende, der Psychoanalyse, aufgedeckt wurden.

Unbehagen kennzeichnet gleichfalls die Künstler und Literaten, die den Umwälzungsprozeß zur städtischen Massenkultur als Bedrohung ihrer Individualität wahrnahmen. Diese Unzufriedenheit prägte um 1900 eine Gesellschaft im Umbruch, die nicht nur den wissenschaftlich-technischen Fortschritt betraf, sondern gleichfalls den allgemeinen Zerfall traditioneller Werte und Moral, sei es der Gesellschaftsordnung, der religiösen Institutionen oder der patriarchalisch bestimmten Familie.

Die Herausbildung der industriellen Massengesellschaft wurde um 1890 spürbar, als die Modernisierung mit der Konzentration von wirtschaftlicher und politischer Macht begann. Elektrizität, Eisenbahnen, Dampfschiffe, Tageszeitungen und Massenkonsum formten eine neue Gesellschaft. Die großen Ausstellungen besonders in Paris zeigten den Fortschritt deutlich. Als sichtbarste Auswirkung der Modernisierung galt die wachsende Zahl der Produkte und Dienstleistungen, die durch die Ausweitung der Produktion und Absatzmärkte ermöglicht wurde. Insgesamt ging es der gesamten Bevölkerung ökonomisch besser. Selbst die Kaufkraft der Industriearbeiter war innerhalb weniger Jahre extrem angestiegen, wenn auch die Löhne allmählich sanken, so in Großbritannien um 40%, im Deutschen Reich um 22%. Bei wachsendem Markt, Stabilität durch die Goldwährung und zunehmendem Welthandel vergrößerte sich die Zahl der Arbeiter im Dienstleistungsbereich, der Warenhäuser, Banken und im Transportwesen. Eine neue gesellschaftliche Kraft, die Angestellten, begann sich zu formieren.

Die Menschen, die im Zuge der Industrialisierung und Verstädterung aus ihren traditionellen Verhältnissen herausgerissen wurden, bildeten neue soziale Gruppen, die wesentlich ökonomisch orientiert waren.

Die führende Gesellschaftsschicht war das Großbürgertum, das zunehmend den Adel verdrängte. Das Bürgertum um 1900 schien auf festem Boden zu stehen. Neue soziale Bewegungen sprengten jedoch bereits den geistigen Rahmen der bürgerlichen Klasse, die Arbeiterorganisationen ebenso wie die Frauenemanzipationsbewegung.

Kunst und Literatur entwickelten neue Ausdrucksformen, mit denen die offizielle, heroisierende Kultur bekämpft wurde. Tagesgespräch unter den fortschrittlichen Kräften war die neue Weltansicht der abstrakten Malerei und der irrationalen Literatur, die später expressionistisch genannt werden sollte. Ferner etablierte sich in jenen Jahren der Jugendstil, aber auch der Ästhetizismus, der Futurismus, die Kubisten, Zeitschriften wie «Aktion» und «Sturm», der Kreis um Stefan George und die Décadence.

Dominierend blieben jedoch weiterhin die traditionellen Kunststile, die von den Umwälzungen keine Kenntnis nahmen.

Kosmopolitisches Leben und extremer Nationalismus charakterisierten die Stadtbewohner um die Jahrhundertwende. Niemals zuvor waren die Europäer in der Lage gewesen, so schnell zu reisen, nie zuvor gab es einen dermaßen prompten und internationalen Zugriff auf Informationen, und nie zuvor hatte es ein stärkeres Nationalbewußtsein gegeben.

Trotz ihrer untergründigen Spannung blieb die Belle Époque das Zeitalter der Weltstädte, des Luxus und der Modernisierung sowie eines verschwenderisch vorgetragenen Reichtums vor allem der adligen Schicht. Ein Mann wie der Prince of Wales, später König Edward VII., galt mit seinem Faible für Mode nicht nur als Vorbild an Eleganz, sondern als würdiger Vertreter der gesamten Epoche. Nicht zufällig war sein bevorzugter Aufenthaltsort das Pariser «Maxim».

Glanz, Reichtum und Konsum lockten nicht nur Touristen des Auslandes in die Großstadt, sondern auch die Menschen aus dem angrenzenden Umland. «Was machen wir uns für einen Begriff von Berlin. Wahre Wunderdinge hatte man uns darüber erzählt, von seiner Größe, seinen himmelhohen Häusern und der märchenhaften Beleuchtung. Die Zahl der Stationslichter mehrte sich zusehends . . . Ausrufe des Staunens und der Überraschung: Soviel Lichter gab's wohl in ganz Hinterpommern nicht», ließ der Schriftsteller Franz Rehbein seinen mit der Bahn anreisenden «Landarbeiter» sagen.

Zunehmende Mobilität bewiesen jedoch schon die Millionen von Auswanderer, die größte Wanderbewegung um 1900 verlief jedoch vom Land in die Stadt. Die neuen Stadtbewohner siedelten fast immer in streng voneinander geschiedenen Bezirken. Kaum jemals gingen Menschen der unteren Schichten in die Geschäfte und Vergnügungsstätten der Innenstädte, die fast ausschließlich den Reichen vorbehalten waren. Unter ihnen galten die Wohnquartiere der Unterschicht bereits traditionell als gefährlich.

Die Mehrheit der arbeitenden Bevölkerung lebte in allen Großstädten in überfüllten Mietskasernen, während die Reichen in Stadtvillen oder in der ersten Etage (der «Beletage») repräsentativer Mietshäuser wohnten. Die oberen Stockwerke waren für die ärmeren Schichten vorgesehen, jedenfalls so lange, bis die Erfindung des Aufzugs auch dort die Mieten in die Höhe trieb.

Zwar besaßen fast alle Städte einen alten Kern, der später im Zuge der Modernisierung beseitigt wurde, dennoch fand die eigentliche Ausbreitung der Stadt in den Außenbezirken statt.

Mit Ausnahme von Berlin besaßen die Großstädte eine handwerkliche Produktion, Bekleidung, Druckindustrie und Luxuswaren. Erst mit der Jahrhundertwende begann die Ansiedlung der Schwerindustrie, die sich in den Vorstädten konzentrierte. In ihrer Nähe entstanden auch die Wohnsiedlungen.

Erst die Einführung der innerstädtischen Massenverkehrsmittel, wie S- und U-Bahn und die Elektrische, führte zur Trennung von Arbeits- und Wohnort.

Die schnell wachsenden Städte glichen mitunter einem Labyrinth viel zu enger, von Verkehr und Schmutz erstickender Straßen. In London soll noch in den neunziger Jahren der Pferdemist bis zu 15 cm hoch in den Straßen gelegen haben, bevor ihn die Straßenreinigung beseitigte.

Die Stadt mit ihrem mondänen Glanz, ihrer Vergnügungsindustrie, aber auch mit ihren sozialen Katastrophen, stand um die Jahrhundertwende im Konflikt zwischen Ablehnung und Attraktion.

Viele wohlhabende Bewohner suchten schon bald eine Vorstadtwohnung mit guter Verkehrsverbindung ins Zentrum. Die reicheren Einwohner besaßen ohnehin neben ihren Stadtwohnungen Häuser am Stadtrand. Dort entstanden die neuen Villenvororte; mit ihnen verbunden war die Planung von sogenannten Gartenstädten.

Erkennbar war die Tendenz der bürgerlichen Klasse, sowohl vor dem Lärm wie auch vor den Unterschichten aus der Stadt zu fliehen und sich in die künstliche Beschaulichkeit der Vorstädte zurückzuziehen.

Nur die eleganten Innenstädte mit ihren Boulevards, Cafés, Theatern und Warenhäusern wurden sicher von der Polizei abgeschirmt und blieben dem wohlgekleideten Bürger als öffentlicher Raum, den er vorwiegend dem Flanieren widmete.

Die führende Klasse um 1900 war das reichgewordene Großbürgertum. Der bislang führende Adel wurde zum repräsentativen Träger dessen, was die Bezeichnung Belle Époque vor allem ausdrücken will. An die Stelle der alten Privilegien des Adels trat ein extrem luxuriöses Leben, das in den einschlägigen Kreisen bewußt zur Schau getragen wurde, um die herausgehobene Stellung weiterhin zu betonen. Selbst in New York, wo der Adel keine Rolle spielte, galt es als gesellschaftliche Katastrophe, nicht zu den opulenten Festen des Geldadels (den führenden Familien der Fifth Avenue) geladen zu sein. Obwohl das Bürgertum in allen Bereichen von Politik und Wirtschaft vordrängte und damit die wirtschaftliche Macht übernahm, galt Arbeit in den Augen des Adels als unschicklich. Akzeptiert wurden allenfalls Positionen im Staatsdienst, Aktienspekulationen und – mit Einschränkungen – wissenschaftliche Betätigungen. Lebensideal war der kultivierte Müßiggang im gesellschaftlichen Abseits, der zwar den Glanz der Belle Époque schuf, auf die Dauer jedoch zur Selbstabschaffung seiner gesellschaftlichen Stellung führte.

Hartnäckig widersetzte sich die Aristokratie der gesellschaftlichen Modernisierung, vor allem durch den Rückzug in die eigenen Kreise. Die Titelträger und auch die «in Muße lebenden Vornehmen», wie es in Großbritannien hieß, spielten zwar noch eine bedeutende Rolle in der Geistlichkeit, im höheren Offizierskorps und in den Schlüsselstellungen der staatlichen Bürokratie, doch ihre Zeit lief bereits ab.

Die Reaktion auf die Moderne war nicht einheitlich. Die größte Gruppe lehnte das Vordringen der Massengesellschaft rundweg ab. Eine andere, die eleganten Kreise wohlhabender Familien, betonte ihre Sonderstellung als Förderer der Kunst und Literatur. Mit prächtigen Festen, die zu begehrten Klatschobjekten der neuen Boulevardpresse wurden, trugen die Herzogin von Rohan in Paris, Fürstin Metternich in Wien und Lady Warwick in London zum Ruf der Belle Époque das Ihre bei.

Die dritte Gruppe, die am deutlichsten die beginnende Funktionslosigkeit des Adels ausdrückte, waren die jungen adligen Männer, zumeist Offiziere, die ein vollends müßiges Leben führten und ihre schwindende gesellschaftliche Stellung durch kühle Herablassung und Snobismus ersetzten.

Auf der Höhe der Zeit bewegten sich dagegen das Bürgertum als gesellschaftliche Elite und die Arbeiterschaft mit ihren großen Organisationen. Die unterste Gesellschaftsschicht bildete das sogenannte Lumpenproletariat, Gelegenheitsarbeiter, Ungelernte, Hausierer, Dienstboten und Bettler, die um 1900 auf das Niveau von Prostitution und Kriminalität herabsanken.

Die bürgerliche Intelligenz verhielt sich eher ablehnend gegen die Modernisierung. Nur wenige schlossen sich den neuen Zeitströmungen an. Viele Philosophen und Gesellschaftstheoretiker begegneten der Wissenschaftsgläubigkeit, dem naturwissenschaftlichen Rationalismus und dem Materialismus des späten 19. Jahrhunderts mit Überlegungen zum Unbewußten, zu einer Einheit von Mensch und Natur, die eine Unterscheidung von Geist und objektiver Materie nicht mehr zuließen.

Wortführer solcher Lebensphilosophie war unter anderen Ernst Haeckel, dessen 1900 erschienenes Werk «Welträtsel» bis 1914 in über 300 000 Exemplaren verkauft wurde. Zu den Vorlesungen des französischen Philosophen Henri Bergson fuhr die feine Gesellschaft von Paris in ihren Equipagen vor. Seine Theorie vom «Elan vital» schien den Nerv der Zeit exakt getroffen zu haben. Die These von der vorherrschenden Rolle der Intuition und des Instinkts gegenüber dem rationalistischen Intellekt übte stärksten Einfluß auf Künstler und Schriftsteller aus. Das emphatische Wort vom Leben, das fundamentaler sei als Wissen, konnte die müßige Klasse ebenso akzeptieren wie die avantgardistischen Künstler.

Der herausragende Denker des 19. Jahrhunderts, Friedrich Nietzsche, dessen Schriften erst nach seinem Tod 1900 populär wurden, hatte den Rationalismus ebenso angegriffen wie die gesellschaftlichen Theorien und religiösen Moralvorstellungen. Seine These vom herausragenden Menschen, der kraft seines Willens sowohl er selbst sei als auch über sich hinauswachsen könne, beeinflußte die elitäre Richtung der Literatur um Stefan George.

Zentrale Kunstform der Belle Époque war der Jugendstil. Daneben existierte weiterhin die offizielle Kunstauffassung, die an der Herausstellung des Heroischen und Nationalen interessiert blieb. Maler wie Hans Makart in Wien und Adolph von Menzel in Berlin hatten sich der allegorischen Verherrlichung der oberen Gesellschaft gewidmet.

Der Jugendstil reichte bis tief in das Alltagsleben; sein Ziel war, das gesamte Leben der künstlerischen Gestaltung zu unterwerfen. So wurden selbst österreichische Briefmarken von Koloman Moser, einem führenden Mitglied der «Wiener Werkstätten» und der «Secession», entworfen. Die Pariser U-Bahnhöfe wurden ebenso von diesem Stil beeinflußt wie die Wiener Stadtbahn.

«Secession» in Wien, «Jugendstil» in Berlin, «Art Nouveau» in Paris und «The Yellow Period» in London meinten die gleiche Kunstrichtung.

London mit William Morris war der Ausgangspunkt dieser Bewegung; in Paris arbeiteten Emile Gallé und René Lalique, in New York übernahmen Louis Comfort Tiffany und Louis Henry Sullivan die Richtung. In Berlin verbreitete die «Secession» die neue Kunst. Ein wesentliches Zentrum aber bildeten die Wiener Künstler um Gustav Klimt, die «Secession» und die «Wiener Werkstätte». Zu ihnen gehörten Kunsthandwerker ebenso wie Architekten und Buchkünstler.

Viele Künstler des Fin de Siècle spürten die Bedrohung ihrer Individualität durch die moderne Massengesellschaft. Sie versuchten der Gefahr durch einen Rückzug in den Ästhetizismus zu entkommen. Der Roman «Gegen den Strich» von Joris-Karl Huysmans diente als Vorlage für die Bewegung der Décadence, der Paul Verlaine ebenso zuzurechnen war wie Oscar Wilde und Gabriele d'Annunzio. In London etablierte sich eine «Ästhetische Bewegung» um Aubrey Beardsley, Max Beerbohm und Wilde. Gepredigt wurde das Leben eines überfeinerten Ästheten, ohne soziale Anliegen oder Verantwortung. Es handelte sich gewissermaßen um eine intellektuelle Aristokratie.

Allerdings traten um diese Zeit auch schon die sogenannten irrationalen, d. h. expressionistischen Dichter auf; Künstler, die sich um die geistigen Auswirkungen der Massengesellschaft auf das psychische Leben der Menschen sorgten. Georg Trakl, Else Lasker-Schüler und Franz Werfel waren hier frühe Repräsentanten.

Ein wesentliches Problem der Zeit wurde ebenfalls in den Werken der Jahrhundertwende deutlich: Die Emanzipation der Frauen. Die patriarchalische Gesellschaft reagierte auf die Emanzipationsbestrebungen mit einem radikalen Antifeminismus.

In den Theaterstücken von August Strindberg («Fräulein Julie» und «Totentanz»), in Oscar Wildes «Salome» und auch in Franz von Stucks Gemälde «Die Sünde» zeigte sich die Abwehr von Emanzipation durch die erotische Dämonisierung der Frau. Daß diese Art der künstlerischen Darstellung durchaus reale Züge annahm, zeigte Frank Wedekind. Zum Schluß seiner «Lulu»-Dramen wird Lulu, die nach dem Muster der männermordenden Frau vorgestellt ist, von einem damals populären Sexualmörder getötet, vom niemals gefaßten Jack the Ripper.

Im Gegensatz zu seiner Kunst, wie eben beschrieben, war die eigentliche Kultur der Belle Époque die Massenkunst als Kulturindustrie, die für Glanz und Zerstreuung in den Städten sorgte. Paris war die führende Stadt der Revuen und Music Halls. Folies Bergères und das Casino de Paris galten als Paradiese der Touristen.

Um die Jahrhundertwende konnte auch schon die Mittelschicht damit beginnen, Reisen zu unternehmen. Mit der Ausbreitung der Vergnügungsreise entstand besonders in Paris die bislang größte Tourismusindustrie. Man kam nach Paris und bestellte sofort Billets für die Revuen. Vielleicht ging man auch in die einschlägigen Cafés, in denen man den jungen, extravaganten Malern Maurice Utrillo, Amedeo Modigliani, Pablo Picasso oder Dichtern wie Guilleaume Appolinaire begegnen konnte.

Was für die Reichen das Hotel bedeutete, war für die ärmeren Schichten der Besuch von Kneipen, Tanzsälen, Music Halls und Vergnügungsparks, wie beispielsweise dem Wiener Prater und dem Berliner Lunapark.

Mehr als jede andere Kultur transportierte die Musik die Gefühle der Massenmenschen. Die Schlager, selbst Massenware, sprachen anscheinend jeden an. Trotz sozialer Misere sangen um 1900 die Menschen aller Schichten die populären Melodien, die blauäugig und naiv von einer schönen Zeit handelten. Die Schlager boten den Rückzug auf das private Innenleben als Reaktion auf die Entwurzelung durch die moderne Zeit an.

Mit den Varietés, dem Schlüsselbegriff der Belle Époque, entstanden der Star und seine Fans. Marie Lloyd, Mistinguett, Claire Waldoff und Alexander Girardi waren Synonyme für diese moderne Erscheinung.

Die sich formierende Massengesellschaft veränderte alle Medien grundlegend. In den Großstädten suchten immer mehr Menschen nach Zerstreuung, die sie in der Vielzahl der Vergnügungsstätten, Bars, Spielsalons, Tanzsäle und Bordelle fanden.

Die Zeitungen waren das stärkste Medium der Jahrhundertwende. Das neue Massenpublikum verlangte nach Informationen aus aller Welt, sei es über politische Vorgänge oder über Mode, die beispielsweise in mondänen Pariser Zeitschriften gezeigt wurde. Führend war hier die «Gazette du Bon Ton». Andere Zeitungen, die bereits 1903 mit Preisausschreiben um ihre Leser wetteiferten, förderten zusätzlich das Konsuminteresse.

Glanz der Massenkultur und elegante, verfeinerte Lebensweise der Aristokratie und des Geldadels begründeten den Ruf der Zeit als Belle Époque, die zwar in den verschiedenen Ländern unterschiedliche Ausprägungen zeigte, in einem jedoch völlig identisch war: In der Tatsache, daß sie die Epoche der modernen Großstadt ausmachte, wie sie 1900 – nach der industriellen Revolution – existierte.

Norbert Fischer

Folgenden Autoren und Verlagen danken wir für die freundliche Genehmigung, Auszüge aus einzelnen Werken nachdrucken zu dürfen:

Becher, Johannes R., in: Kurt Pinthus (Hrsg.): Menschheitsdämmerung. © Rowohlt Verlag, Hamburg 1920
Conrad, Michael Georg: Die Maschine des Parisianismus, in: Neue Pariser Studien, Leipzig 1883
Dos Passos, John: Manhattan Transfer. © Rowohlt Verlag, Hamburg 1925
Flake, Otto: Logbuch. © S. Fischer Verlag, Frankfurt a. M. 1917
Hessel, Franz: Das Tagebuch. © Rogner & Bernhard Verlag, München, o. J.
Hoddis, Jacob van, in: Kurt Pinthus (Hrsg.): Menschheitsdämmerung. © Rowohlt Verlag, Hamburg 1920
Kracauer, Siegfried: Schreie auf der Straße, in: Straßen in Berlin und anderswo. © Suhrkamp Verlag, Frankfurt a. M. 1963
Musil, Robert: Der Mann ohne Eigenschaften. © Rowohlt Verlag, Hamburg 1952
Rilke, Rainer Maria: Aufzeichnungen des Malte Laurids Brigge. © Suhrkamp Verlag, Frankfurt a. M., o. J.

Bildquellennachweis:

Archiv photographique/Eugène Atget, Paris (94/95, 96)
Documentation photographique, Roger-Viollet, Paris (78, 86/87, 89, 98/99, 101, 102, 105, 106/107)
Musée Carnavalet, Paris (82/83)
Seidman Historical Archive (132, 136/137, 138, 141, 143, 145, 146/147, 148, 150/151, 153, 154/155, 156, 158/159, 160, 162, 165)
Alle übrigen Fotos: Norbert Fischer, Dietzenbach